高等职业院校专业教师胜任力实证研究

——基于"新经济"背景

吴　崑　刘亚楠　著

北京交通大学出版社

·北京·

内 容 简 介

本书采用行为事件访谈、问卷调查和统计分析等研究方法，对高职院校专业教师胜任力结构及测评问题进行了一系列的实证研究，构建了高职院校专业教师的胜任力模型，编制了胜任力测评工具，在此基础上，全面分析当前高职院校专业教师胜任力现状水平，并提出了有针对性的政策建议。

图书在版编目（CIP）数据

高等职业院校专业教师胜任力实证研究：基于"新经济"背景 / 吴崑，刘亚楠著. —北京：北京交通大学出版社，2022.10

ISBN 978-7-5121-4699-0

Ⅰ．① 高…　Ⅱ．① 吴…　② 刘…　Ⅲ．① 高等职业教育-师资培养-研究-中国　Ⅳ．① G718.5

中国版本图书馆 CIP 数据核字（2022）第 061305 号

高等职业院校专业教师胜任力实证研究——基于"新经济"背景
GAODENG ZHIYE YUANXIAO ZHUANYE JIAOSHI SHENGRENLI SHIZHENG YANJIU
　　——JIYU "XINJINGJI" BEIJING

责任编辑：郭东青

出版发行：北京交通大学出版社　　　　电话：010-51686414　　http://www.bjtup.com.cn
地　　址：北京市海淀区高梁桥斜街 44 号　　邮编：100044
印　刷　者：北京虎彩文化传播有限公司
经　　销：全国新华书店
开　　本：170 mm×240 mm　　印张：13.5　　字数：235 千字
版 印 次：2022 年 10 月第 1 版　　2022 年 10 月第 1 次印刷
定　　价：88.00 元

本书如有质量问题，请向北京交通大学出版社质监组反映。
投诉电话：010-51686043，51686008；传真：010-62225406；E-mail：press@bjtu.edu.cn。

前　言

国家发展"新经济"对高等职业院校专业教师（以下简称"高职教师"）的知识与能力提出了更高的要求。建立与完善同"新经济"发展相适应的高职教师的胜任力模型，是高职教师专业发展研究的逻辑起点，本著作以适应国家"新经济"发展的全国高职教师为研究对象，将理论研究与实证分析相结合，定性研究与定量研究相结合，在深入调研的基础上系统地分析了高职教师胜任力的现状、存在的问题及其影响因素，并在此基础上编制高职教师胜任力测评工具，对当前全国高职教师胜任力水平进行测评，主要研究结论如下。

1. 建构了高职教师胜任力模型

通过行为事件访谈、统计分析等方法，对高职优秀绩效教师与普通绩效教师的关键行为特征进行分析，辨别优秀绩效教师所具备的胜任特征，建构了由2个维度、5个因子、17项胜任力组成的高职教师胜任力模型。

2. 编制《高职教师胜任力测评问卷》

根据行为事件访谈的初始文本，编制《高职教师胜任力调查问卷》，并对测试数据进行探索性因子分析，验证胜任力初步模型的合理性与有效性，同时修订与调整问卷的测验项目，开发了《高职教师胜任力测评问卷》。

3. 检测高职教师胜任力水平及特点

使用测评问卷对高职教师胜任力现状进行调查与分析，结果表明，当前高职教师胜任力处于中等偏上水平，教师在不同因子上存在差异。课堂教学能力平均得分最高，其次是实践教学能力、专业发展能力、评价学生能力，社会服务能力最弱。高职教师胜任力的整体水平和5个因子的发展水平在年龄、教龄、职称、获得职业资格证书等方面表现出不同程度的差异。

最后，根据研究结果，本著作有针对性地提出了改进建议，其成果可以为高职教师的聘任、职称晋升、考评提供科学的依据。

为了方便读者阅读，本著作分为理论篇与实践篇两个部分，其中第一、二章是理论篇，主要阐述高职教师胜任力的相关理论，第三至第六章是实践篇，详述高职教师胜任力模型建模过程与测评过程。在本著作中，由吴崑总纂，由刘亚楠对本书进行了勘校。在写作过程中参考了大量的著作、论文和院校案例，在此向被参考和引用文献的作者表示感谢！

由于写作时间仓促，以及作者水平有限，书中难免有疏漏之处，敬请广大读者不吝赐教，以便于修订，使本著作日趋完善。

目　录

第一篇　理　论　篇

第二篇　实　践　篇

第一篇
理 论 篇

第一章 绪 论

第一节 问题提出

新经济是指以创新性知识占主导、以创意产业为龙头产业的智慧型经济形态。2016年3月，李克强总理在十二届全国人大四次会议答中外记者问时提出，新经济的覆盖面和内涵是广泛的，它涉及一、二、三产业，不仅是指三产中的新零售、物联网、云计算、跨境电子商务等新兴产业和业态，也包括工业制造当中的智能制造、大规模的定制化生产等。中国经济进入新常态，加速新经济，推动新技术、新产业、新业态的成长，已成为我国供给侧结构改革、继续引领新经济发展的重要内容之一。国家目前对新经济的发展非常重视，2015年11月发布的《国务院办公厅关于促进农村电子商务加快发展的指导意见》明确指出，农村电子商务是转变农业发展方式的重要手段，是精准扶贫的重要载体，要通过大众创业、万众创新，发挥市场机制作用，加快农村电子商务发展，构建农村购物网络平台，实现优势资源的对接与整合。2016年4月发布的《国务院办公厅关于深入实施"互联网+流通"行动计划的意见》指出，"互联网+流通"成为经济社会实现创新、协调、绿色、开放、共享发展的重要途径。2016年5月发布的《国务院关于深化制造业与互联网融合发展的指导意见》指出，要进一步深化制造业与互联网融合发展，协同推进"中国制造2025"和"互联网+"行动，加快制造强国建设。2016年11月发布的《国务院办公厅关于推动实体零售创新转型的意见》指出，要促进线上线下融合发展，推动企业进行智能化、网络化的全渠道布局，引导企业创新服务体验，为消费者带来更个性、多元品质的服务。国家发展新经济对高等职业院校专业教师（以下简称"高职教师"）的知识与能力提出了更高的要求。

建立与完善同"新经济"发展相适应的高职教师的胜任力模型，是高职教师专业发展研究的逻辑起点。因此，开展本项研究可以为高职教师的聘任、职称晋升、考评提供科学的依据，有助于提升高职教师专业发展水平，加强高等职业院校（以下简称"高职院校"）内涵建设，促进国民经济又好又快发展。对高职教师胜任力的研究不足已成为制约高等职业教育（以下简称"高职教育"）发展的重要因素之一。

1. 高职教师专业能力不足已经成为制约高职教育发展的瓶颈

在新经济发展的背景下，企业的竞争追根究底是人才的竞争，而高职教育作为对实体经济的基础性支撑，急需一支高素质的教师队伍。长期以来，高职教师专业发展中出现的专业能力普遍不足问题已成为制约高职教育发展的瓶颈。据统计，自1996年以来颁布的有关提升职业教育教师或高职教师专业实践能力的政策法规有16项（见表1-1），但至今尚未从根源上解决高职教师专业能力不足的难题。主要表现在以下几方面。其一，"双师"素质教师数量不足，专任教师企业实践经验欠缺。《2015中国高等职业教育质量年度报告》显示：高职院校生师比为15.6:1；"双师"素质教师比例提高至59.2%；专任教师下企业实践天数由2014年度的25.9天增加到27.8天[1]。虽然高职院校生师比数据高于《中等职业学校设置标准》所规定的20:1的生师比标准，但高职院校"双师"素质教师比例还不到60%；专任教师下企业实践天数一年不满一个月。其二，高职教师的职业教育课程设计能力普遍不足。高职教育具有能力本位的价值取向，课程设计应遵循职业教育教学规律，凸显实践性、职业性、开放性的特征，但相当一部分高职教师由于缺乏实践工作经验，不善于开发行动导向的职教课程，不善于进行符合学习迁移规律的教学设计与实施等[2]。

表1-1　有关提升职业教育教师或高职教师专业实践能力的政策法规

年份	政策法规	年份	政策法规
1996	中华人民共和国职业教育法	2002	国务院关于大力推进职业教育改革与发展的决定
1998	关于实施《职业教育法》加快发展职业教育的若干意见	2004	教育部　财政部关于推进职业教育若干工作的意见
2002	教育部办公厅关于加强高等职业（高专）院校师资队伍建设的意见	2004	教育部关于以就业为导向深化高等职业教育改革的若干意见

续表

年份	政策法规	年份	政策法规
2005	国务院关于大力发展职业教育的决定	2010	教育部 财政部关于确定"国家示范性高等职业院校建设计划"骨干高职院校立项建设单位的通知
2006	教育部 财政部关于实施国家示范性高等职业院校建设计划加快高等职业教育改革与发展的意见	2011	教育部关于进一步完善职业教育教师培养培训制度的意见
2006	教育部关于全面提高高等职业教育教学质量的若干意见	2012	国务院关于加强教师队伍建设的意见
2010	国家中长期教育改革和发展规划纲要（2010—2020 年）	2012	教育部关于加强高等学校青年教师队伍建设的意见
2010	教育部 财政部关于进一步推进"国家示范性高等职业院校建设计划"实施工作的通知	2014	国务院关于加快发展现代职业教育的决定

2. 高职教师的培养、培训与管理缺乏科学的依据与理论基础

我国虽然相继出台了《教师资格条例》《教师资格条例实施办法》《中等职业学校教师专业标准（试行）》，但没有针对高职教师的专业标准，缺乏针对高职教师资格认证的政策法规，也未制定专门的高职教师职称评审标准与条例。高职教师缺乏严格的准入与职称聘任的标准，高职院校在招聘、引进专业教师以及教师职称聘任过程中，大多参照普通高等学校教师资格认证与职称认证的相关条例执行。而且，很多针对高职院校与高职教师的培训机构，对师资的培训课程与教学内容呈现普通教育化的特征，缺乏对高职教师的科学调查与实证分析，尤其是基于高职教师胜任力的研究还很少，缺少对高职教师知识与能力结构的清晰认识，使得高职教师的培养、培训与管理缺乏特色，影响了高职院校师资队伍建设，制约了高职教育的发展。解决这一问题的有效途径之一就是创建高职教师的胜任力模型，通过胜任力模型为制定高职教师资格认证与高职教师的职称聘任等相关政策法规提供可靠的依据，并在此基础上对高职教师进行客观、科学的选聘、培养与考核。

3. 高职教育的教师胜任力理论研究和制度的欠缺导致高职教师这一群体无法获得专业认可

1986 年，美国的卡内基工作组发表了题为《国家为培养 21 世纪的教师做准备》的报告，霍姆斯工作组于同年发表了题为《明天的教师》的报告，在这两份报告中"教师专业化"这一概念得以明确。教师专业化成为世界教师教育发展的潮流，高职教师专业化也成为未来各国高职教育发展的共同特征，但是，比较普通高等教育，高职教育目前在我国还主要被看作专科教育，高职教师并没有获得相应的地位，不如普通高等教育教师那么受尊重，这种现象已经影响到高职教师队伍的稳定，高职教师队伍也难以吸引优秀人才。究其原因，除了传统观念的影响，高职教育自身也存在一些问题，其中重要的一点就是缺少高职教师胜任力理论与实践的研究，使得人们认为高职教师是人人都可胜任的，高职教师没有得到应有的社会认可。总之，为使高职教师专业化得以进行，有必要设定高职教师职业任职条件，严格准入标准，制定有针对性的培养考核制度，高职教师胜任力的理论与实证研究势在必行。

4. 高职教师缺乏自我发展和职业生涯规划的依据

近年来，国家对高职教育愈加重视，高职教育迎来了蓬勃发展，越来越多的高学历优秀青年投入其中，但是，不少高职院校对青年教师的职业生涯规划问题没有足够的重视，青年教师追求自我实现的需求不断增强，造成教师一定程度的心理失衡，面对这样的困境，需要对高职教师胜任力进行研究。如果应用高职教师胜任力模型作为教师自我发展与职业生涯规划的依据，必将会增强高职教师职业发展的归属感，进而走向个人价值与社会价值的统一和成功。

第二节 研 究 意 义

作为一项职业教育学的应用研究，本书研究涉及心理学、教育学、管理学等领域，有着重要的理论意义和实践价值。

一、理论意义

高职教师的成长过程可以通过构建高职教师胜任力模型得以有效描述，同时，该模型还可全面阐述优秀高职教师的特征。具体来讲，借助高职教师胜任力模型，可发展出相应的高职教师培养理论体系。另外，行为事件访谈法在教育领域胜任力模型建构过程中的有效性将得到进一步验证，从高职教师胜任力测验的建构和应用的研究角度，探讨如何更好地让教育管理学的研究成果为社会实践服务，研究成果也将对高职教师选聘、绩效评估、胜任力标准等积累一定的实证资料。

二、实践意义

高职教师胜任力模型与测评工具对高职教师、高职高专院校乃至教育管理机构都有很大的应用价值，可以帮助高职教师择业，进行职业生涯规划，学习与发展教学技能，从而有利于高职教师的专业成长与职业生涯发展；对于高职高专院校，教师业务素质测评、岗位胜任力考核、绩效管理都可以应用高职教师胜任力模型与测评工具，同时该模型与测评工具还可作为选拔招聘、提升留任、薪酬设计、解聘的依据。在对高职高专院校的教学质量评估中，该模型与测评工具还可以作为教师团队整体教学水平现状诊断、分析与辅导的依据。对于教育管理部门，通过高职教师胜任力模型与测评工具，可系统了解高职教师工作所需要的胜任力，掌握在岗教师教学中的优势以及待提升领域，有针对性地设计培训项目，开展有效的教师培训，同时有助于教育管理部门设定教师资格标准、认定教师资质等工作的开展。

第三节 概 念 界 定

一、高等职业教育

1997 年，联合国教科文组织修订的《国际教育标准分类法》规定："高等职业教育"属于其中的 5B 型，即实用型、技术型、适应具体职业之类的教育[3]。《国际教育标准分类法》于 2011 年再次修订，我国"高等职业教育"属于"短线高等教育"中的"55 类别"，即第 5 等级中的职业类别（短线高等职业）。该类教育实施基于实用和特定职业的课程，使学习者获取职业或行业特定知识、技艺和能力，与更高等级的教育类型相比，其学习时间短并且通常较少注重理论。一些国家的高级技术教育、社区大学教育、副学位教育等均属于此类[4]。

在国内，以教育部高等教育司和全国高职高专校长联席会提出的概念为代表性观点："高等职业教育是高等教育的重要组成部分，是以培养具有一定理论知识和较强实践能力，面向基层、面向生产、面向服务和管理一线职业岗位的实用型、技能型专门人才为目的的教育，是职业教育的高等阶段。"[5]本书研究所指的高职教育，特指我国高职院校实施的旨在培养一线高素质技能型人才的正规学历性质教育。

二、高职教师

本书研究对象为高职教师，特指在实施高职教育的高职院校内承担教学任务，讲授专业理论课或专业实践课的专任专业课教师，不包括公共文化课教师，也不包括外聘教师。

三、高职教师胜任力模型

高职教师胜任力模型是能够把优秀绩效教师与普通绩效教师区分开的知识、技能、价值观、动机以及个人特质等特征的集合，胜任力模型应该包括胜任力的内涵、维度、等级以及具体行为描述等，是一个完整的高职教师胜任力模型体系。

第四节 文 献 综 述

伴随着教师职业的兴起和教师教育的发展，对普通高等院校教师胜任力的研究不断推进，在国外针对这一领域的研究方法多样、研究视角独特、研究成果丰硕。但我国在这一领域的研究还较为滞后。尤其在高职教师的胜任力的研究方面，与国外相比，我国对这一问题关注的角度、研究的重点以及研究的方法存在较大差异，本书将尝试对这些内容进行梳理。

胜任力理论来源于对于能力（ability）的实证研究，能力概念和能力结构是研究胜任力的概念与结构基础。因此，本书研究首先对能力与能力结构的相关研究进行理论梳理，而后关注胜任力、教师胜任力相关理论与研究。

一、关于能力与能力结构的研究

（一）关于能力的研究

"能力"一词的应用具有较为悠久的历史，最早出现于柏拉图的《理想国》中，其词根是"ikano"，由"iknoumai"衍生而来，意为"到达"。可翻译为："胜任的品质，具有达成某件事情的能力。"到16世纪，"能力"这一概念已被引入英语、法语与荷兰语中，英文单词"competence""competency"可追溯到这一时期。

"Ability""capacity""competence""competency"等数个英文单词，均有"能力"之意，事实上这些单词的解释存在差异，即使是同一词根下的"competence""competency"，含义也略有差别。目前学术界比较认同的是，"competence"侧重于技能，是指个体在既定工作情境下完成工作任务所需要具备的能力，外显的行为是个体胜任的结果表现。"competency"则更强调个体的潜在特征，主要指个体胜任工作所需的知识、技能、动机等特征。"胜任力"的英文翻译也有"competence"和"competency"两种表述，有学者认为，这两个术语基本可以通用。本书研究认为，"competence"和"competency"的差异确实存在，但对这种差异的把握，不在于界定用词规范，更重要的是能够根据研究的需要，去确定胜任力的内容构成。

对能力研究从学科领域上分析，首先应用于心理学领域，从20世纪70年代以后逐步扩展到人力资源管理学、社会学等领域，下面从心理学与人力资源管理学两个领域对能力的概念进行梳理。

1. 心理学视角下的能力

在心理学领域，人的个性心理特征由气质、性格与能力三方面构成。《辞海》对"能力"的解释基于心理学视角："能力是指成功地完成某项活动所必需的个性心理特征，分一般能力和特殊能力。前者指进行各项活动都必须具备的基本能力，如观察力、记忆力、想象概括力等。后者指从事某些专业性活动所必需的能力，如数学能力、音乐绘画能力或飞行能力等。"[6]《心理学大辞典》中"能力"的定义也与个性心理特征有关，能力是"使人能成功地完成某种活

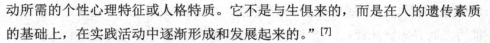

动所需的个性心理特征或人格特质。它不是与生俱来的，而是在人的遗传素质的基础上，在实践活动中逐渐形成和发展起来的。"[7]

2. 人力资源管理学视角下的能力

人力资源管理学视角下的能力研究就是对胜任特征的研究，McClelland 认为，能力（胜任力）是指在特定工作情境中与工作绩效紧密相关联的技能、能力、特质或动机[8]。这是首次有学者对胜任力进行定义。之后，Hay Group 公司将能力（胜任力）界定为能够区分平均水平者与优秀者的动机、态度、技能、知识、行为或个人特点[9]。Boyatzis 认为："能力（胜任力）是与工作中优秀绩效或较优秀有联系的个体特征。"[10]

人力资源管理学视角下的能力观着眼于绩效与能力之间的相关性，关注能力在普通绩效者以及优秀绩效者之间的区别，其对能力的阐述就是对胜任力概念的定义，可以说对能力的研究是人力资源管理的基础，人力资源管理领域是通过基于能力的人员的招聘、培训、评价、规划等来实施对组织的管理。总之，通过对能力理论的梳理发现，胜任力理论是能力理论的一个分支，胜任力是学者们从人力资源管理学视角对能力的研究。

（二）关于能力结构的研究

学者们从 20 世纪初期开始对能力结构进行研究，主要研究能力是由哪些因素构成的，这些因素之间的关系是什么，以及这些因素如何对能力产生影响等问题，由此产生了一系列关于智力结构的理论。

1. 二因素理论

1904 年，英国心理学家 Spearman 首先通过因子分析法提出智力的二因素理论。该理论认为智力由两种因素构成：一是一般因素（general factor），简称 G 因素，是人们所有认知活动的基础，是区分人的能力高低的主要因素；二是特殊因素（specific factor），简称 S 因素，它只和人的特殊活动领域相关。人们完成任何一项工作任务都需要一般因素与特殊因素的组合，但相对特殊因素，一般因素在智力结构中是首要因素，具有更大的作用。

2. 群因素理论

美国心理学家 Thurstone 在 1938 年提出群因素理论，他在这个理论中将智力分解成七类与地位相仿的能力，即计算能力、理解能力、词语流畅性、记忆能力、演绎推理能力、空间知觉能力与知觉速度。Thurstone 通过设计测验证实，这些能力之间并非彼此独立，而是存在着不同程度的相关性，即证实了一般因素的存在。

3. 智力三维结构理论

美国心理学家 Guilford 不认同一般因素的存在，并在 1959 年提出一种新的能力结构理论——智力三维结构理论。他认为智力可以从操作、内容和产物三个维度去考量。第一个维度是智力的操作过程，包括认知、记忆、发散思维、集中思维、评价；第二个维度是智力加工的内容，包括视觉、听觉、符号、语义、行为；第三个维度是智力加工的产物，包括单元、类别、关系、系统、转换和含蓄。Guilford 的智力三维结构理论同时考虑智力的操作、内容和结果，对人类探索新的智力结构很有帮助。

4. 智力层次结构理论

1960 年，英国心理学家 Vernon 提出了智力层次结构理论，认为智力因素的结构不是立体的，而是按层次排列的。Spearman 的一般因素是排列组合中的第一层；第二层包含了言语和教育方面的因素、机械和操作方面的因素，即大因素群；第三层是各种小因素群；第四层则是各种特殊因素，即 Spearman 的特殊因素。Vernon 的智力层次结构理论是 Spearman 的智力二因素理论的深化。

5. 流体智力和晶体智力理论

20 世纪 90 年代，Cattll 和 Horn 依据智力的不同功能，将其划分为流体智力与晶体智力两种，其中，流体智力是指人不依据后天的文化与知识背景学习新事物的能力，如注意力、理解力、知识整合能力等；晶体智力是指人后天习得的能力，如判断力、知识的广度等。他们的另一个重大贡献是指出了流体智力和晶体智力的演变过程。流体智力先于晶体智力而衰退，在成长期到达顶峰后呈现下降趋势；晶体智力则会继续增长，要到老年后才逐渐衰退。

上述研究极大地丰富了人类对能力结构的认识，能力结构理论的发展是角度更加多元、维度更加丰富的过程，能力结构理论的发展为以后对胜任力结构模型的研究奠定了基础。

二、关于胜任力的研究

（一）胜任力的定义

美国心理学家 McClelland 于 1973 年发表了一篇题为 *Testing for Competence rather than for Intelligence* 的文章，指出"胜任力"是指在特定工作情境中与工作绩效紧密相关联的技能、能力、特质或动机。随后"胜任力"这一概念引起了管理学界的广泛关注。中外学者对胜任力概念的界定一直存在差异，各方观点争议的焦点在于胜任力的深度，即胜任力到底是不容易测量的深层次特征，还是可观测到的行为[11]。

经过对文献的梳理，目前中外学者对胜任力的定义大致可分为特征观、行为观和综合观三种类型。"特征观"认为，胜任力是优异绩效者身上所具备的潜在的个体特征，表述方式较为抽象；"行为观"倾向于把胜任力看作个体在既定工作条件下，达到绩效标准所需要具备的行为特征，表述方式相对具体，与工作关联性较高；"综合观"则是"特征观"与"行为观"妥协的结果，认为应该综合考虑"特征观"和"行为观"来界定胜任力，将任职行为特征与达成优秀绩效的内在因素加以综合。关于胜任力的三类定义详见表 1-2。

表 1-2 关于胜任力的三类定义一览表

观点	代表性人物	定义
特征观	McCelland[7]9	胜任力是在特定工作情境中与工作绩效紧密相关联的技能、能力、特质或动机
特征观	L. M. Spencer & S. M. Spencer[12]	胜任力是将绩效优秀者与绩效普通者区分开的个人潜在特征，包括动机、知识、技能、自我形象等
	Boyatzis[10]24	胜任力是能够导致优秀工作绩效的个人潜在特征，包括动机、知识、技能、自我概念或社会角色

续表

观点	代表性人物	定义
特征观	McLagan[13]	胜任力是完成主要工作所需的一连串知识、技术与能力
	Mirabile[14]	胜任力是与优秀绩效相关的知识、技能、能力或特征，可观察、训练、习得和测量
	Parry[15]	胜任力是影响一个人部分工作的一系列知识、技能和态度，与工作绩效紧密相关，并且可被测量，能够通过培训与发展加以习得和改善
	王重鸣[16]	胜任力是导致管理绩效提高的知识、技能、能力、价值观、个性、动机等特征
	彭剑锋[17]	胜任力是各种个体特征的集合，这些个体特征驱动员工产生优秀工作绩效，反映的是可以通过不同方式表现出来的知识、技能、个性与内驱力
行为观	C. Woodruffe[18]	胜任力是完成某一情境工作任务所必需的一系列行为模式，这些行为与工作绩效密切相关，并且通过工作中的绩优者得以体现
	Cockerill[19], at el	胜任力是相对稳定的行为，这些行为可以使组织了解并适应新的环境
	仲理峰，时勘[20]	胜任力是把在某职位中表现优异者和平庸者区分开的个体潜在且持久的行为特征
综合观	Ledford[21]	胜任力是个人可验证的特质，即个人所具备的知识、技能与行为，这些与产生优秀绩效紧密相关
	Byham&Moyer[22]	胜任力是一切与工作相关的行为、动机与知识，且是可以被分类的

从以上对文献的总结可以分析出，学术界对"胜任力"的定义并没有标准的界定，仅对胜任力内涵有两方面的共识：一是胜任力是以工作绩效作为研究导向，胜任力是导致个体工作绩效差异的主要原因，是区分绩效优秀者与绩效普通者的有效工具；二是胜任力包含人职匹配理念，工作岗位不同，任职者完

成绩效所应具备的知识、技能等有所差别。本书研究从研究目的需要出发，倾向于从综合观的角度去理解胜任力，即胜任力既包括在既定条件下完成工作绩效所表现出的行为特征，又强调导致优秀绩效的个人潜在特征。

（二）胜任力的分类

胜任力按照不同的标准，可以有不同的分类。

1. 胜任力按构成要素可划分为基准性胜任力与鉴别性胜任力

基准性胜任力是指既定工作标准下任职者需要具备的知识与技能，基准性胜任力能够通过教育与培训来后天习得，但是它无法区分绩效优秀者与绩效普通者；而鉴别性胜任力是工作绩效优秀者通过行为表现出来的导致卓越的关键要素，包括动机、价值观、自我认知、社会角色等。鉴别性胜任力在短期内较难改变与发展[12]。基准性胜任力包括知识、技能等外显行为特征，而鉴别性胜任力与基准性胜任力相比，不易被考察，测量需要依靠一系列工具和手段。目前，英国对胜任力的研究主要以基准性胜任力为基础，开发有效的培训工具来增强在岗者工作绩效，而美国等大多数国家以鉴别性胜任力为基础开展研究，通过工作中绩效优秀者的行为来推测他们所具备的个人潜在且持久的特征[23]。又有人提出了一种新的胜任力，即发展性胜任力。发展性胜任力可以把某一职位绩效优秀者与从事该工作更高职位的绩效优秀者区别开，通常包括动机、自我认知、社会角色、价值观等要素。发展性胜任力在短期内难以改变和发展[24]。学者们对胜任力的分类产生不同的意见，其实质是测量标准的争论，即在测量人的胜任力时，是只要能胜任工作即可，还是应追求更高的绩效。一部分学者认为胜任力的构成有基准性胜任力和鉴别性胜利就可以了，而另一部分学者则认为这还不够，应将发展性胜任力列入其中。本书研究认为，发展性胜任力与鉴别性胜任力包含的内容类似，只是研究目的、研究角度不同，提法不同而已。

2. 胜任力按个体的工作情境可划分为工作胜任力、岗位胜任力与职务胜任力

工作胜任力是指个体完成既定工作所需要具备的知识与技能。岗位胜任力是指个体能胜任工作岗位的任职条件，只有满足了任职条件，才能符合职位任职需求从而产生优秀绩效，个人的工作岗位不同，岗位胜任力存在一定差别。

职务胜任力是指工作人员具备担任某一职务的知识与技能。

3. 胜任力按归属者可划分为组织胜任力与个体胜任力

组织胜任力是组织在确定其竞争优势时，其团队成员所具备的互相弥补、根深蒂固的一系列技能与知识的组合。组织胜任力将组织视为一个有机联系的整体，研究其适应客观环境的胜任力。个体胜任力是从个体对工作以及社会适应角度来研究其胜任力，它与组织胜任力的关系是：组织胜任力是组织成员全部个体胜任力的有机组合，并非简单相加，个体胜任力是形成组织胜任力的基本要素，其组合会影响组织胜任力的实现。

三、胜任力模型的研究

胜任力模型（competency model）的定义与胜任力的定义比较，就比较单一，学术界普遍认可的观点：胜任力是指为达成某一绩效目标而要求个体所具备的一系列胜任力要素的组合。即：$CM=\{CI/i=1, 2, 3, \cdots, n\}$。CM 代表胜任力模型，CI 代表胜任力项目，$CI_i$ 即第 i 个胜任力项目，n 代表胜任力项目的数目[12]。胜任力模型最大的贡献在于，它是既定工作中实现高绩效影响个体成功的所有重要要素的集合，它能够为组织或个人提供一个成功的范式，通过建立胜任力模型，招聘、培训、评估、晋升等一系列工作能够得以高效进行。因此，胜任力模型已成为现代人力资源管理的一个卓有成效的工具[25]。

（一）胜任力模型的理论研究

目前在理论研究方面，存在两种胜任力模型：特征性模型与情境性模型。

1. 特征性模型

特征性模型认为，胜任力是知识、技能、能力、其他个性特征的组合，目前比较权威的、影响比较广的特征性模型有冰山模型与洋葱模型。

美国学者 Lyle M. Spencer 和 Signe M. Spencer 在其合著的 *Competence at Work: Models for Superior Performance* 中提出了冰山模型（iceberg model）[12]222–226。冰山模型把个体胜任特征划分为 6 个层次，包括知识层、技能层、社会角色层、自我认知层、特质层和心理动机层。图 1–1 是对冰山模型的形象隐喻。

图 1-1 冰山模型

　　冰山模型分为表层的基准性特征和深层的鉴别性特征。知识、技能这些特征是容易了解和衡量的，也是可以通过培训而习得的，是裸露在水面以上的表层部分，基准性特征主要体现对任职者基础素质的要求；社会角色、自我认知、特质、心理动机等要素潜藏于水面以下，这些要素与水面以上表层的基准性特征相比，不易观察和衡量，在短期内也难以改变和发展，属于鉴别性特征。冰山模型非常形象，冰山显露在水面以上的部分不足以解释工作绩效优异者的卓越表现，而潜藏在水面以下的部分，即鉴别性特征往往是区分绩效优秀者和绩效普通者的关键要素，潜藏得越深，越难以被观察、衡量。

　　Boyatzis 在对 McClelland 的理论进行深入与广泛研究的基础上，提出了洋葱模型（onion model），如图 1-2 所示。

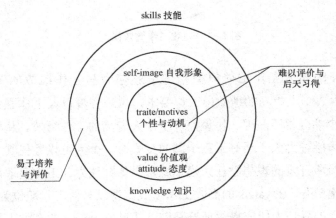

图 1-2 洋葱模型示意图

洋葱模型是将胜任特征的结构形象地比喻为洋葱，其最外面一层是技能，由外向内依次是知识、态度、价值观与自我形象，最内层是个性与动机。越向内层，越难以评价与改变；越往外层，越容易观察与培养。洋葱模型与冰山模型相比较，其本质基本一致，洋葱模型最内层的个性与动机相当于冰山模型水面以下部分，而最外层的知识与技能相当于冰山模型水面以上裸露部分。此外，与冰山模型类似，洋葱模型也强调最内层的个性与动机。洋葱模型与冰山模型相比，对胜任力的描述更突出层次性。

2. 情境性模型

情境性模型认为，胜任力具有情境性，而不具有普遍性，个体在工作中表现出的高绩效水平是组织环境、工作要求与个体胜任力共同作用的结果。正如 Sandberg 认为的："工作中的人的胜任力并不是指所有的知识和技能，而是指那些在完成具体工作时，人们所使用到的知识和技能。"[26]典型的情境性模型就是 Boyatzis 的高效工作绩效模型[10]13，如图 1-3 所示。

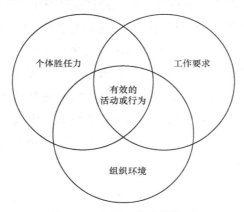

图 1-3　高效工作绩效模型

Boyatzis 的高效工作绩效模型阐述了胜任力与工作绩效的关联关系。Boyatzis 认为，个人成功的绩效由工作要求、组织环境以及个体胜任力三个部分组成，三个部分相互匹配、协调而产生个人较高的工作绩效。从模型中可以看出，当个体胜任力大于或等于三个圆的交集时，个人可以胜任其工作职位。人力管理人员所开发的理想胜任力模型就是个体胜任力、工作要求与组织环境三个圆相交集部分。Boyatzis 的高效工作绩效模型以具体工作职位为研究基点，为具体情境下的胜任力研究提供理论基础。通过 Boyatzis 的高效工作绩效模型可以推断出，以个人工作绩效为校标的胜任力模型受到工作要求、组织环境与个体胜任力的共同影响，具有情境性，这就造成了不同职位、岗位的工作胜任力模型构成要素不可能相同。同时，有些学者通过实证研究也发现："有一些因素，如逻辑思维能力、成就动机、自信等，广泛存在于高绩效的个体身上，不受工作要求的影响，也不受组织所面临环境的影响，可以说这些胜任力要素是个体身上的特征，是特征性的。"[27]

（二）胜任力模型的实践研究

关于胜任力模型的构建，国外学者进行了大量的探索研究。1970 年，美国管理协会在 5 年时间内对 1 800 名管理者进行研究，第一次通过比较绩效优秀组和绩效普通组的行为表现，辨别出 5 个关键的胜任特征，其中，绩效优秀组具有心智成熟度、企业家成熟度、人际成熟度、在职成熟度 4 个胜任特征，而绩效普通组只具有专业知识一个胜任特征[28]，这一研究成果为胜任力模型的实证研究奠定了良好的基础。

1981 年，McBer 公司的咨询顾问、美国学者 Boyatzis 对 2 000 名管理者进行调查研究，提出了包含正确的自我定位、概念化、关注密切关系等 21 种胜任特征的胜任力通用模型。

在此基础上，Spencer 等构建了技术人员与专业人士、业务人员、人类服务工作者、管理人员、企业家 5 种一般胜任力模型。其中，以 36 种不同的管理职务模式为基础，从一线主管到总经理，涵盖制造、人力资源、行销、教育等各个部门，结合教育、军事、工业、金融服务等不同环境，提出了一般管理能力模型，如表 1-3 所示。

表 1-3 一般管理能力模型[29]

加权	胜任能力	加权	胜任能力
×××××	冲击与影响力	××	自信心
×××××	成就倾向	××	直接性/果断性
××××	团队与合作精神	××	信息搜集能力
××××	分析式思考	××	团队领导力
××××	主动积极	××	概念式思考
×××	培养他人的能力	基本要求	（对组织的了解与关系建立）专门知识/专门技术

在这之后，Alldredge 和 Nilan 以 3M 公司为研究对象，构建了基础领导胜任力（包括道德、诚信、智力、成熟与判断力）、必要领导胜任力（包括客户导向、培养人员、鼓舞他人、商业健康交易）、愿景领导胜任力（包括全球化视角、愿景和战略、培育创新、建立联盟、组织敏捷），共计 3 个维度、13 个因子的行政领导全球胜任力模型；Glockshuber 开发了跨文化胜任力的工具测量法，采用定性和定量相结合的方法，通过访谈和问卷调查，把跨文化胜任力进一步解释为文化信仰、文化知识和文化技能三个因子，从而扩展了三维跨文化胜任力模型；Olesenetal 运用行为事件访谈法，针对微软公司未来商务发展战略，构建了三维领导者胜任力模型，模型包含基准性胜任力、鉴别性胜任力和未来发展性胜任力三个维度；Muratbekova-Touron 以法国的一家跨国公司 Lemma 公司为研究案例，运用体验、观察、半结构化访谈等方法，建立了 Lemma 公司领导胜任力模型，该模型包括视野、领导质量、变革管理、结果导向、客户导向、Lemma 公司价值观 6 个维度。国外构建胜任力模型研究，逐渐由宏观层面发展到微观层面，为了提升组织的竞争优势、创新能力和个人的工作绩效，将胜任力研究与组织内部管理相结合。

胜任力研究从 1998 年传入我国，其发展可以分为两个阶段。第一阶段是从 1998 年到 2002 年，是胜任力研究的初级阶段。这一阶段的特点是，中国学者结合国情，对胜任力的理论定义、实际应用等进行了思考，试图探索管理者的胜任力结构，并对此展开了一系列实证研究，这为胜任力的深入研究奠定了重要的基础。例如，王鹏、时勘是国内胜任力研究的先驱者，他们首先指出，胜任力的研究方法对于评估培训需求、优化培训内容与结构具有重要应用价值[30]；王重鸣在国内首次明确了胜任力的概念，这为我国学者未来开展胜任力研究奠定了理论基础[16]24-25；时勘等通过行为事件访谈法，以通信业高层管理者为研究对象，构建了我国通信业高层管理者胜任力模型，包括信息搜集能力、影响力、责任心等 10 项个性特征[31]；王重鸣、陈民科通过职位分析法，构建了我国企业中高层管理者胜任力模型，并通过因子分析与结构方程建模，证明了胜任力的结构[32]。

胜任力研究的第二阶段是自 2003 年至今，其呈现的特点是胜任力研究涉及的领域不断扩大，实证研究越来越受到重视，研究对象开始从宏观层面转向微观层面，从通用的胜任力模型研究转为特定行业、特定岗位的胜任力模型建构。代表性的研究成果包括：仲理峰、时勘以家族企业高层管理者为研究对象进行胜任力的研究，构建家族企业高层管理者胜任力模型，该模型包含权威导向、主动性、捕捉机遇等 11 项胜任力因子[33]；姚翔、王垒、陈建红以 IT 企业开发部门的项目经理为研究对象，构建包括个性魅力、应变能力等 5 个因子的 IT 企业优秀项目管理者模型[34]。代郑重等通过文献分析法、文本分析法、关键事件法提出了三级甲等综合医院临床护士胜任力模型，包括知识、专业技能、社会能力、个人特质、动机在内的一级胜任特征 5 项，二级要素28 项[35]。

四、胜任力的建模方法研究

McClelland 的研究首先使用胜任力建模，建构胜任力模型的过程是为了成功完成既定工作，判断员工哪些个人特征是必需的过程。学者们创建了很多建模的方法，在实践中加以应用，目前应用较多的建模方法有以下几种。

（一）行为事件访谈法

行为事件访谈（behavior event interview，BEI）法是 McClelland 创建的，McClelland 当时受美国新闻署（U.S. Information Agency，USIA）委托，首次采用行为事件访谈法选拔驻外服务新闻官，通过对工作绩效优秀官员和工作绩效普通官员的具体行为特征进行比较分析，识别出能够取得绩效优秀者的个人潜在特征。行为事件访谈法的具体做法是，在组织内分别选择同一岗位绩效优秀者与绩效普通者进行访谈，同时对访谈内容进行记录，事后对访谈内容进行分析，研究胜任某一岗位所需要的基本素质与技能，并对取得优秀绩效的潜在特征加以描述，构建岗位胜任力模型。进行行为事件访谈法的步骤如下：第一步，确定岗位，选取待研究岗位上的绩效优秀者与绩效普通者；第二步，对两组样本进行访谈并记录；第三步，分析访谈结果，通过区分绩效优秀者与绩效普通者来定义胜任力，找出测量胜任力的方法；第四步，重新选择两组样本进行胜任力测验，以检验论证结果。行为事件访谈法成功的关键在于准确确定绩效标准，难点在于研究人员的访谈技术要非常专业[36]。

（二）问卷调查法

通过设计心理测试项目或问题，对研究对象进行问卷调查（questionnaire survey，QS），并收集研究资料与数据的方法就是问卷调查法。其开发的流程是：首先，编制初始量表，初始量表的形式可以比较灵活，结构化、半结构化访谈或者开放式问卷均可；其次，筛选所获得胜任特征项目，可运用问卷初测或者专家评定的方式；再次，将筛选后的胜任特征制作成调查问卷，对研究对象施测；最后，对调查进行统计分析。问卷调查法效率较高，结果统计量化、规范化，但要注意题目设计与施测过程中的监控，保证回收有效问卷数量以及有效问卷的信度与效度。

（三）职能分析法

职能分析（funcational job analysis，FJA）法首先对研究对象岗位所承担的工作职责进行分析，列出一份能力素质清单，然后根据认可的绩效标准进一步确定绩优的要素与权重。职能分析法要求组织必须有相对稳定的文化，核心价值观已形成，这种方法侧重揭示冰山模型中水面下的深层胜任力要素，建模目的主要是选择与培养同组织文化相匹配的员工[37]。

（四）关键成功因素法

1970 年，哈佛大学 William Zan 教授首次提出了关键成功因素（key success factors，KSF）法。关键成功因素法是指通过对企业进行调研，找出企业成功的关键因素，再围绕关键因素来挖掘企业需求，并进行整体规划。关键成功因素法的核心在于"人、职、组织"三者的匹配，一个完整的关键成功因素法的步骤包括：第一步，找准公司定位；第二步，识别关键成功因素情报；第三步，收集关键成功因素情报；第四步，比较评估关键成功因素；第五步，制订行动计划。关键成功因素法的优缺点比较明显，优点是开发的模型适应企业文化与企业战略要求，缺点是受组织的发展阶段与外部环境变化影响较大。

除了上述胜任力模型建构的方法，还有理论分析法、德尔菲法、团体焦点访谈法、现象学法、专家–新手研究法等。从胜任力模型建构的方法可以看出，各种方法虽然不同，但均有可借鉴之处，关键应根据数据采集方法，采用相应的模型建构方法，可以采用其中一种方法，也可以将几种方法混合使用，其最终的目的是提高胜任力模型的信度与效度。比较本书主要介绍的4 种胜任力的建模方法，关键成功因素法和职能分析法侧重于从组织需要出发，开发岗位所要求的胜任力结构模型，这两种方法均采用实践型技术路径。行为事件访谈法主要以岗位工作者本身为研究对象，分析岗位工作者的关键胜任因素；问卷调查法采用量化研究方法，重视数据采集与对比分析，这两种方法采用实证研究型技术路径，侧重研究职业或岗位工作者在个体特质上的差异。时勘指出，目前，许多研究人员主持开发的模型途径沿袭的都是实证研究型技术路径，而在许多企业胜任力模型开发中应用的都是实践型技术路径。实证研究型技术路径与实践型技术路径相比较，最大的优势在于对建构的胜任力模型信度与效度有很好的保证，所建构的胜任力模型能够经受住挑战[38]。因此，本书研究采用实证研究型技术路径，使用了问卷调查法与行为事件访谈法。

胜任力建模时采集数据的方法则更为多样，如工作胜任力评估法（job competence assessment method，JCAM 或 JCA）。该方法较为关注绩效优秀者和绩效普通者在个人特质以及外在行为上的差异性，目的是辨析能够导致优秀绩效者的胜任特征来建构胜任力模型[39]。

此外，还有专家小组法、问卷调查法、全方位评估法、测评编制法和焦点访谈法[40]。

胜任力评估方法有两种方式，根据评价者的数量不同，有单人评定和多人评定，单人评定由于存在评价者偏见，可能会对研究信度与效度产生影响；多人评定能有效避免单人评定面临的问题，本书研究采用多人评定的胜任力评估方法。本书研究借鉴 Spencer 编写的 *Competence at Work：Models for Superior Performance* 以及罗双平编著的《从岗位胜任到绩效卓越——能力模型建立操作实务》中的胜任力编码词典量表，在行为事件访谈法的基础上，制定了高职教师胜任力编码词典量表。

五、教师胜任力的相关研究

在进行教师胜任力相关研究之前，学者们主要是对教师的专业能力进行研究。早在 1896 年，就有学者采用问卷调查法调查研究优秀绩效教师所具备的素质，至 20 世纪 20 年代，很多学校从自身的发展出发，为了招聘合格的教师或培养优秀的教师，对教师应具备的教学能力开展了广泛研究，再到 20 世纪 50 年代，对教师能力的研究越来越深入细致，研究范围涉及教师的性格特征、教师应具备的能力与知识、教师专业能力等研究领域。这些研究成果为今后教师的培养与评价提供了依据。

20 世纪 60 年代，教育领域开始开展对胜任力的研究。1961 年，美国联邦教育署发起了一场能力本位的教师教育（CBTE），强调对教师预先设定能力标准。这些能力将是教师在未来胜任教师工作的行为表现，其核心理念是："未来教师能够做什么？应该做什么？为达到工作标准应该具备哪些能力？"休斯敦大学作为参与 CBTE 的代表，开发出教师的综合能力，包括判断学生情感、社会、生理和心理需求的能力，基于学生需求识别教学目标的能力，教学设计能力，设计并实施教学评估的能力，关注学生的能力以及文化意识、教学技能、沟通交流等 16 项能力，这些综合能力被视作开发 CBTE 项目的基础。

20 世纪 70 年代后期，美国中学校长协会发布其研究获得的校长胜任力指标体系，将校长工作绩效分为不合格、普通与优秀三种，通过研究发现，优秀绩效的校长工作成就是由某些特殊能力与行为决定的，虽然这些能力与行为在优秀绩效的校长总体知识、能力和行为中所占的比重不大，但对优秀绩效的校长工作绩效起着非常大的作用，而普通绩效的校长工作表现是由其基本的知识与能力决定的[41]。

20 世纪 80 年代，美国由于受到领导理论、学校管理自主权扩大和职业资格化趋势等因素的影响，关于教师胜任力的研究在教育界蓬勃开展，美国时代周刊在 1980 年 6 月刊登了《救命！教师不会教》的文章，引发了人们对教师胜任力问题的广泛关注，越来越多的教育学者对教师胜任力问题开展了一系列研究，相关研究成果大量出现，关于教师胜任力的研究成了教育研究的重要课题。

通过文献检索发现，研究教师胜任力的问题有多个角度。有的学者通过实证研究，运用一系列管理工具测量分析优秀绩效教师的胜任特征；有的学者运用经验或历史研究方法，归纳教师所应具备的知识与能力，主要涵盖教师的个人认知、价值观、仪表仪态、动机等多个方面，研究角度则包括学生主观评价、教师自我评价、师生对资深教师行为的观察、校长及教育管理人员作为管理者的评价等。表 1-4 对国外关于教师胜任力有影响力的研究成果进行了总结。

表 1-4 国外关于教师胜任力有影响力的研究成果一览表

研究者、方法、对象	研究结果
Bisschoff & Grobler[42]	提出了教师胜任力与协作胜任力二维度模型。教师胜任力因子包括学习环境、专业承诺、纪律、教师的教学基础、教师反思、教师的合作能力、有效性与领导 8 项
Hay McBer[43]	提出了高校教师的六大胜任特征：专业化、领导、思维、计划、设定期望和与他人关系
V. M. Catano & Harvey[44]	从学生的角度构建了教师有效教学的胜任特征，包括沟通力、创造力、关注学生、社会意识、反馈、专业化、责任心和解决问题的能力，并对模型进行了效度和信度的验证，最后通过变革型领导分析，认为有效教学的教师就是变革型领导教师
R. J. Sternberg 等人[45]	专家型教师有三个共同特点：①知识达到专家水平，运用更多的教学策略和技巧，比新手教师更有效、独立地解决问题；②高效地计划、监督和修改解决问题的方法；③创造性洞察力，运用方法新颖恰当
Dineke[46]	应用德尔菲法与验证性因子分析构建了大学教师胜任特征模型，该模型包含以下 4 个维度：作为教师的人、主题专家、教学过程的促进者与学者
Kabilan[47]	提出的教师胜任力评价的标准分为动机、技能与知识、自我学习、交互能力及计算机能力 5 部分

2003 年，邢强与孟卫青发表了《未来教师胜任力测评：原理和技术》，在这篇文章中，具体分析了教师胜任力测评的基本原则，分析了目前我国高校教师的胜任力测评现状[48]，这是我国学者最早发表的有关教师胜任力研究的文章。通过"中国学术期刊网络出版总库"以"教师"并且"胜任力"对公开发表的期刊文献进行"篇名"检索，截至 2015 年年底，共查询到 520 篇资料，公开发表的时间和篇数如图 1-4 所示。

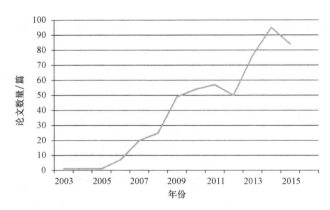

图1-4　国内关于教师胜任力研究文献发表情况

从文献发表的年代来看，国内关于教师胜任力的研究分为两个阶段，2009年之前，国内研究教师胜任力的文献较少，很多研究者只是引用国外文献资料。从理论角度，对教师胜任力的内涵结构、评价依据等进行探讨。2009年之后，学者们开始对教师胜任力开展广泛研究，研究论文数量增幅明显，研究领域不断深入，研究问题也涉及教师胜任力的内涵，教师胜任力模型与预测研究，教师胜任力的影响因素及提升策略，以及教师胜任力与工作绩效的关系等。研究方法由原有的理论探讨发展为实证研究，研究对象涉及研究型大学、民办高校、高职院校、中职院校和中小学学校的教师。表1-5是近年来国内学者关于我国教师胜任力研究所采用的研究方法和研究结果。

表1-5　国内学者关于我国教师胜任力研究所采用的研究方法和研究结果

研究者、研究方法	研究结果
王昱等[49] 行为事件访谈法、问卷调查法	高校教师胜任力模型包括7个维度：创新能力，获取信息的能力，人际理解力，责任心，关系建立，思维能力和成就导向
林立杰[50] 文献法、访谈法、行为事件访谈法、问卷调查法	高校教师胜任力模型由3个因子和36项胜任力组成：个性因子（身体适应能力，责任心，独立性，自信心，自控力，移情能力，变革性，坚忍性，恃强性，成就动机），必备知识因子（专业知识，理论知识，环境知识，组织知识），工作技能和综合能力因子（学习能力，语言表达能力，创新能力，信息采集能力，指导能力，解决问题能力，解决冲突能力，应变适应性，提供与反馈能力，影响他人能力，综合分析能力，动手能力，团队合作能力，自我发展能力，定量分析能力，前瞻性思维能力，关系构建能力，倾听能力，理解能力，逻辑思维能力，观察能力，发散思维能力）

续表

研究者、研究方法	研究结果
牛端等[51] O*NET 工作分析法	高校教师胜任特征包括 8 项指标：创新，批判性思维，教学策略，专注，社会服务意识，逻辑分析能力，成就欲和尊重他人
黄艳[52] 层次分析法、访谈法、问卷调查法、德尔菲法	高校教师胜任模型包括：教学胜任力（实验与实习，指导课程设计与毕业设计，教学建设与研究，学生成就），科学研究胜任力（科研项目与经费，科研成果与奖励，科研合作与共享），社会服务胜任力（参与大学或学院公益工作，参与服务企业或其他社会机构，参与本学科相关社会学术活动），师德修养胜任力（政治思想品德，职业道德规范，学术道德规范），素质发展胜任力（知识素质，技能素质，身心素质，自我发展意识与能力）
严尧[53] 行为事件访谈法、问卷调查法	高校教师胜任力模型包括 4 个因子和 19 个胜任力：知识（学科基础知识，学科前沿发展知识，教育理论知识），教学技能（教学设计，课堂教学，作业批改，课外辅导，教学评价，教学研究），职业态度（热爱教学，治学严谨，诚实正直，尊重他人），动机（自信，目标明确，社会责任感，奉献精神，创新能力，团队合作能力）
郝永林[54] 行为事件访谈法	研究型大学教师胜任力模型包括：学术支撑能力、教学转化能力和教师个性态度等 4 个方面。在此基础上，开发了共计 28 项 2 级测量指标，为研究型大学教学评估提供了科学合理的评价指标

我国香港地区自 1992 年开始，以教师专业能力为主题制定了 15 年的教师培训规划。其中教师专业能力的研究结果对教师胜任力的研究有很大的参照作用。2003 年 3 月，香港师训与师资咨询委员会通过香港教师专业能力理念框架，该框架将教师的专业能力分为 4 个范畴，每个范畴进一步细分为 4 个领域，每个领域详细表达了教师工作中的各个重要环节，明确了多个分项能力，整个能力框架由 46 项具体分能力领域构成，如表 1-6 所示。

表1-6 香港教师专业能力理念框架主要内涵[55]

教与学的范畴	学生发展范畴	学校发展范畴	专业群体关系及服务范畴
学科内容知识 掌握学科内容知识 更新学科内容知识及探求新的学科知识 分享有关科目的教学方法 **课程及教学内容知识** 掌握及应用教学内容知识 设计、落实及改进课程 更新及分享教学内容知识 **教学策略、技巧、媒体、语言** 教学策略及技巧的知识与应用 善用教学语文能力 善用不同教学法及多媒体教学激励学习动机 研究及发扬教学策略及技巧 评核及评估 掌握评核学生方法及程序 使用学生评核结果 评估及检讨教学及学习计划	**学生在校的不同需要** 理解学生的不同需要 识别学生的不同需要及提供支援 与同侪协作,识别学生的不同需要并提供支援 **与学生建立互信关系** 明白与学生建立融洽关系的重要性 培养互信和融洽的师生关系 **学生关顾** 为学生提供关顾服务 与同侪协作,提供关顾服务 **学生多元的学习经历** 参与及执行多元的学习计划 策划及组织多元的学习计划 关注学生的全面发展	**学校愿景、使命、文化及校风** 配合学校的愿景、使命、文化及校风 实践学校的信念、愿景及使命 营造关怀和愉悦的校园气氛 检视学校愿景和使命、推广学校文化的形象 **校政、程序及措施** 了解学校目标及政策 执行学校政策、程序及措施 制定学校政策,检讨有关程序及措施,推动学校持续发展 **家庭与学校协作** 了解学生家庭背景 与家长保持沟通 投入与家长有关的活动 与家长建立互信,促进学校发展 **回应社会变革** 了解社会转变对学校的影响 回应社会转变及其相关的社会价值观	**校内协作关系** 与个别同工协作 与不同组别协作 在建制内与不同组别协作 **教师专业发展** 与他人分享知识及成功经验 为教师专业发展做出贡献 **教育政策的参与** 了解教育政策 回应教育政策 对教育政策做出贡献 **与教育有关的社区服务及志愿工作** 与社会大众保持互动关系 参与有关教育的社区服务及志愿工作

在关于教师胜任力的文献中也有一批优秀的博士论文。例如,徐建平首次在博士论文中系统探讨了教师胜任力,这是关于教师胜任力的第一篇博士论文。他运用行为事件访谈法建构了教师胜任力模型,探讨中小学教师应具备的专业胜任力结构模型,还根据胜任力模型编制了教师胜任力测验,对教师胜任力水平进行了测查[56]。许安国的博士论文运用理论分析、文献检索和实际调研等多

种方法，对 8 所行业特色研究型大学的 320 名教师以问卷调查的方式，归纳了行业特色研究型大学教师的胜任素质要素，通过因子分析法构建了行业特色研究型大学教师包括基本素质、教学能力、行业素养、科研能力 4 个维度的胜任素质模型，并运用相关性分析、回归分析等方法，深入研究了胜任素质与工作绩效的相关关系及预测路径[57]。徐继红的博士论文运用文献法提出高校教师的教学能力结构三维模型，包括能力构成领域、工作领域和活动过程领域三个维度，并根据该模型编制教师教学能力评价量表，采用问卷调查、访谈等工具进行验证，最后从教师自评和学生评价两个角度对某省的高校教师教学能力发展现状进行了抽样调查与分析[58]。

上述研究通过定量、定性等研究方法对教师胜任力模型的研究成果、对今后的相关研究有许多启示。

六、高职教师胜任力相关研究

目前，通过 ERIC 数据库以"职业教育"并且"胜任力"对公开发表的期刊文献进行"篇名"检索，共查询到从 1985 年至今的 14 篇文章，从文献检索中可以发现，其他国家和地区在职业教育教师胜任力方面的研究成果不多，但是呈现多样化、专业化的发展趋势，例如，舒尔曼提出从事职业教育教师的胜任力包含 7 个方面，即学科内容，教学方法，课程，教育内容知识，学习者特性，教育脉络，教育的目的、目标、价值及其哲学历史基础知识。舒尔曼提出了一个新的概念，即教育内容知识（pedagogy content knowledge，PCK）。教育内容知识可以被认为是关于如何将某个科目的内容转化为教学实践的一种特殊知识，也正是高职教师最为需要的知识[59]。Young 和 Guile 对英国的职业教育教师进行研究，认为职业教育教师所具备的胜任特征应当包括专业知识和技能、学科基础知识、实践经验、职业道德。而新时期职业教育教师应具备的胜任特征还应包括研究与创新能力、了解学生需求、灵活处理问题和实施远程教育。他们认为，职业教育和培训胜任力体系的创新和完善需要遵循三个原则：一是不同机构要有合作意识，二是要建立统一的技术和知识标准，三是要加强培训的理论基础[60]。斯威士兰的 Mndebele 通过研究构建了职业教育教师的胜任力模型，Mndebele 认为职业教育教师按照权重值大小，应具备人际交往、职业指导、新设备认知、呈现工作绩效、研究课题的规划和开发、发展与行业的关系、评价学生、组织学生技能竞赛、开发课程、项目研究、处理与社区的关系 11 项胜任力[61]。Attwell 认为在欧洲职业教育教师应具备 4 种能力：知识和对不断变化的环境的理解能力、专业理论知识与应用能力、教学知识和教学技能、自我发展能力[62]。Sartori 在意大利针对职业教育教师胜任力开展研究，为 978 名职业教育教师和培训者发放了问卷，问卷包括自我评价和重要性评价两个方面，共计 67 个关于胜任力的题项，这些题项包括 4 个维度：一是教育学领域，二是实操性领域，三是组织领域，四是研究和发展领域。结果显示，教师对于某一胜任力"自我评价"的分数高于对于这一胜任力"重要性评价"的分数。这提醒职业教育教师培训的组织者要在培训前开展深入而细致的培训需求分析[63]。这些研究者所划定的教育与教学能力被认为是职业教育教师所需要的基础专业能力。当然，高职教师与一般院校或中小学教师由于面临的对象和授课任务不同，所需要的能力也存在一定的差异，也有许多研究者针对不同专业职业教育教师的胜任力进行了研究。

Punnee Leekitchwatana 等通过因子分析法构建了一个计算机专业职业教育教师的能力框架，包括 3 个维度 12 个因子。这 3 个维度分别是知识维度、技能维度和情感维度。其中知识维度包括一般教育学知识、课程知识、教学知识、在线教学学习和在线媒体类知识、IT 辅助知识、计算机使用知识；技能维度包括教学技能、在线教学学习技能和在线媒体类技能、IT 辅助技能、计算机使用技能；感情维度包括对教师的感情和对 IT 技术的感情[64]。

除了建构基本的职业教育教师能力框架，也有学者指出职业教育教师需要具有特殊的能力，K. Beck 等认为职业教育教师缺乏对于学生的识错能力，这种能力非常重要，但在以往的研究和培训中被严重忽视[65]。Wuttke & J. Seifried 同样强调职业教育教师应具有专业的识错能力，识错能力是指教师指出学生在学习和实践过程中所犯的错误以及纠正错误的能力。这种能力包括 3 个维度，一是知识（知道学生所知道的），二是策略（知道如何去纠正），三是信念（能够认识到错误的价值）。调查发现，目前教师鉴别和修正学生错误的能力仍然有待提高，此外，这种能力与任务难度有着非常显著的关系[66]。

总体来看，国外的职业教育体系种类多样，对于高职教师胜任力的研究也由于地区、院校级别、教师专业甚至是培训项目的不同而有所差别，高职教师胜任力的研究呈多样化发展趋势。

在国内研究领域，通过"中国学术期刊网络出版总库"以"高职教师"并且"胜任力"对公开发表的期刊文献进行"篇名"检索，截至 2015 年年底，共查询到 73 篇资料，公开发表的时间和篇数如图 1-5 所示。

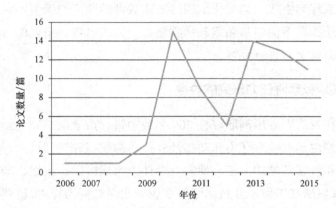

图 1-5　国内关于高职教师胜任力研究文献发表情况

从 2006 年至今，在中国期刊网查阅到高职教师胜任力研究领域相关的论文与学术文章 59 篇，对文献进行梳理、研究后，发现我国对高职教师胜任力的研究始于 2006 年，根据研究的开展情况，可以分为以下两个阶段。

第一阶段是从 2006 年至 2009 年，属于研究起步阶段，成果数量少，当时这项研究并没有受到我国教育领域的普遍关注，这一阶段的研究大多围绕高职教师胜任力"应该具备哪些知识、能力与个人品质"和"如何培养知识、能力与个人品质"两大主题展开。对于素质、能力的内容涵盖大多只是简单的罗列和浅显的陈述；一些研究涉及素质与能力培养的意义、目标、原则、途径和教师队伍建设等层面。其中，吴贵明第一次在国内对高职教师胜任力进行研究，在文章中提出，高职教师应具有技术胜任力、整合胜任力和职业市场力，并阐述了提升高职高专教师用途力的途径[67]；苏晓红对黔东南民族职业技术学院 35名专业教师进行访谈，构建了高职教师胜任力模型，包括服务特征、自我特征、成就特征、认知特征、管理特征、个人特质 6 方面内容；胡艳琴在所撰写的硕士论文中提出，高职教师的通用胜任力模型共包括教学素养、团队精神、科研能力、发展意识、良好心态、教学管理能力 6 个因子，共计 40 项胜任力，这是论述高职教师胜任力的第一篇硕士论文，文中对高职教师的知识结构和能力结构做了较为全面的论述。

第二阶段是从 2010 年至今，随着国家不断提高对高职教育发展的重视，对于高职教师胜任力的理论研究也百花齐放，无论是研究的角度、研究的深度还是成果的高度均是史无前例的。具体研究内容则多以特定的院校、特定的专业或特定的课程为主线，情境化地探讨高职教师的胜任力模型，完善了高职教师胜任力的结构。下面将从高职教师胜任力研究的内容、研究的方法以及影响因素三个方面对文献进行综述。

（一）高职教师胜任力研究的内容

李俊强在对广西 6 所高职院校 200 名教师进行访谈的基础上，提出高职教师胜任力模型由基准性胜任力和动态性胜任力构成，基准性胜任力包括责任心、协调、学习和教学管理能力等，动态性胜任力包括组织、策划、师德和社会服务力；涂云海以浙江工贸职业技术学院在职专业课教师为样本，访谈 40 位教师，提炼出 10 项胜任特征，从而形成高职教师胜任力模型，具体包括双师素质、创新意识与能力、专业知识与实践能力、行业影响力、教学策略、团队精神、学习与科研能力、主动性、责任意识、耐性；郭奇、赵铭通过对天津和北京的 12 所高职院校 46 名高职教师及相关部门的领导进行访谈，建立了高职教师胜任力模型，包括师德师风、教学工作、科研能力、职业能力、实践能力 5 个一级指标，以及 16 个二级指标；李继延、张祥构建了高职教师教学胜任特征模型，包括师德素养、个性特质、认知技能、实践性特征及关系管理 5 个因子 26 项胜任力；楼红平、涂云海以浙江某职业技术学院专业课教师为研究对象，采用焦点访谈法建立了高职教师胜任力模型，包括师德师风、教学工作、科研能力、职业能力、实践能力 5 个因子；李梦玲对湖北省 7 所高职院校 300 余名在校生进行问卷调查，从学生视域建立高职教师胜任力模型，包括师德师风、师生和谐、教学水平、双师素质 4 个因子。近年来国内高职教师胜任力模型的构成与代表研究成果如表 1-7 所示。

表 1-7　近年来国内高职教师胜任力模型的构成与代表研究成果一览表

代表研究成果	学者	高职教师胜任力模型的构成	研究对象	研究方法
高职院校教师胜任力初探	焦伟红[68]	高职教师胜任力包括教学素养、教学态度、教学技能、发展意识、心理潜质、个人广度 6 个因子	对平顶山工业职业技术学院的 120 名学生进行调查	行为事件访谈法、测评编制法

代表研究成果	学者	高职教师胜任力模型的构成	研究对象	研究方法
职业院校教师胜任力模型构建研究	王斌，陈斌[69]	高职教师胜任力模型包括情感道德特征、教学胜任力、动机与调节、管理胜任力 4 个因子	以某职业学院的 15 名教师开展研究	工作分析法
高职院校专业课教师胜任力与绩效的关系研究	涂云海[70]	高职院校专业课教师的核心胜任特征模型包括行事风格、双师特有素质、专业知识与技能、自我意象、追求卓越、沟通与交往 6 个因子	从浙江某高职院校选取 25 位系主任或教研室主任作为被试	团体焦点访谈法、测评编制法
高职院校教师绩效评价体系设计分析——基于胜任力模型和 AHP 法	李岚，刘轩[71]	胜任力模型包括能力技能、个性特征、工作态度 3 个一级指标，包括教学能力、科研能力、专业技能、管理能力、情绪稳定性、主动性、宽容性、乐群性、责任感和奉献精神 10 个二级指标	调查了苏州 7 所高职院校的 379 名教师	层次分析法
高职院校"双师型"教师胜任力模型的构建	张颖，蒋永忠，黄锐[72]	高职院校双师型教师胜任力包括实践素养、教学素养、职业素养、良好心态、科研创新能力 5 个因子	对安徽工商职业学院的 30 名专业教师和 10 名中层管理者进行了访谈	行为事件访谈法、测评编制法
高职院校教师胜任力模型的构建	陈斌，刘轩[73]	高职院校教师胜任力模型包括能力技能、个性特征和工作态度 3 个因子	对苏州 7 所职业类院校的 397 名教师开展问卷调查	行为事件访谈法、测评编制法
高职院校专业教师胜任力模型研究	方向阳[74]	构建了包括自我管理、科技素养、教学能力、工作态度、实践能力、职业素养 6 个因子的高职教师胜任力模型	对苏州工业职业技术学院的 200 名学生进行调查	行为事件访谈法、测评编制法
高职院校任课教师胜任力指标体系研究	秦蔚蔚[75]	从显性和隐性两个方面构建了高职院校任课教师胜任力指标体系，包括显性胜任力和隐性胜任力 2 个一级指标。其中前者包括知识、能力和基本信息 3 个二级指标，13 个三级指标；后者包括动机、态度/价值观和自我形象 3 个二级指标，10 个三级指标	对江苏经贸职业技术学院的 150 名任课教师开展问卷调查	层次分析法

续表

代表研究成果	学者	高职教师胜任力模型的构成	研究对象	研究方法
高职院校专业课教师胜任力研究——以宁夏高职院校为例	董丽华[76]	高职教师胜任力模型包括成就导向、师德、个人特质、专业知识与技能、教学技能、人际交往技能6个因子26项胜任力	对宁夏地区高职院校的120名专业课教师、学生、企业管理人员开展问卷调查	行为事件访谈法、测评编制法
基于学生视域的高职教师胜任力现状调研与提升路径	李梦玲[77]	高职教师胜任力包括师德师风、师生和谐、教学水平、双师素质4个因子	对湖北省7所高职院校的300余名在校生开展问卷调查	问卷调查法
基于模糊综合评价的高职教师胜任力评价研究	宋微，周永清[78]	高职教师胜任力模型包括技能、知识、职业和品质4个因子	对安徽省高职院校的50名教师、50名行政人员、50名学生以及10名专家开展问卷调查	行为事件访谈法、专家小组讨论法

从对文献梳理来看，上述成果对我国高职教师胜任力研究领域提出了自己的见解，丰富了教师胜任力的内涵，表中列出了一系列高职教师胜任力模型的胜任特征，对今后的研究有很好的借鉴作用。

（二）高职教师胜任力研究的方法

在高职教师胜任力研究的第一阶段（2006—2009），学者们主要采用思辨的研究方法，方法相对单一简单，缺乏科学的论证。从2009年开始，在高职教师胜任力研究的第二阶段，学者们开始采用行为事件访谈、层次分析法、团体焦点访谈法、工作分析法，取得了较为科学、客观的研究成果。

1. 行为事件访谈法

行为事件访谈法与测评编制法相结合是学者们在高职教师胜任力研究中广泛采用的方法。陈斌、刘轩调查了苏州7所职业类院校的397名教师，建立了2阶3因子模型，并通过结构方程建模的方法对模型进行验证；张颖、蒋永忠、黄锐对安徽工商职业学院的30名专业教师和10名中层管理者进行了访谈，建立了由实践素养、教学素养、职业素养、良好心态、科研创新能力5个因子构成的高职院校"双师型"教师胜任力模型。

2. 层次分析法

李岚、刘轩调查了苏州 7 所高职院校 379 名教师，应用层次分析法建立了 3 个一级指标、10 个二级指标的胜任力模型，并通过结构方程建模的方法对模型进行验证。秦蔚蔚对江苏经贸职业技术学院的 150 名任课教师展开问卷调查，应用层次分析法从显性和隐性 2 个方面构建了高职院校任课教师胜任力指标体系，共包括显性和隐性胜任力 2 个一级指标。其中，前者包括知识、能力和基本信息 3 个二级指标，13 个三级指标；后者包括动机、态度/价值观和自我形象 3 个二级指标，10 个三级指标。

3. 团体焦点访谈法

徐云海应用团体焦点访谈法与测评编制法，从浙江某高职院校选取 25 位系主任或教研室主任作为被试，建立了教师胜任力模型，包括行事风格、双师特有素质、专业知识与技能、自我意象、追求卓越、沟通与交往 6 个因子。

4. 工作分析法

王斌、陈斌根据高职教师岗位分析，采用工作分析法建立了包括情感道德特征、教学胜任力、动机与调节、管理胜任力 4 个因子的教师胜任力模型。

（三）高职教师胜任力影响因素

在高职教师胜任力研究中，研究者不仅关注高职教师胜任力的内容与结构等基本问题，同时也注意高职教师胜任力发展过程中的影响因素，关于高职教师胜任力的影响因素研究可分为主体因素与环境因素两部分。

1. 主体因素

内因对事物发展起决定性作用，外因则是推动事物发展的必要条件，但外因的作用再大，也是第二位的原因，它决不能撇开内因独立地起作用。在高职教师胜任力的研究中，高职教师的主体因素就是内因，而影响高职教师胜任力的环境因素就是外因，从文献梳理中发现：很多研究者把教师心理特质作为研究视角来研究主体因素对高职教师胜任力的影响，包括高职教师的人格特征、职业倦怠、教学效能感等。

1）人格特征

人格特征即个性，是指一个人相对稳定不易改变的思想和情绪方式，是其内部和外部可以测量的特质，建立在个体的生理特征之上，后天经由家庭、学校和社会的熏陶产生演变，从而形成某个人特有的气质、能力、兴趣和性格等，上述心理特征的总和即为人格特征[79]。

李继延通过对高职学生与教师调查研究，认为一名优秀的高职教师拥有明确的教育价值观至关重要，只有具有明确的教育价值观，高职教师才能在教育与教学工作中更具有同情心、主动性与创造性，对不断完善自身的教学能力与提高学生的成绩具有很大作用，此外，较强的意志力也是优秀高职教师取得成功的重要因素[80]；陈丽金、周斌运用行为事件访谈法对高职教师及学生进行调研，研究得出：个性特征构成高职教师教学胜任特征模型的一个维度，其中包含积极主动、热情幽默、自我控制、职业偏好、成就动机等 5 个因子[81]；陈丽娜的研究也证明了周斌的研究成果，她认为高职院校教师的人格特质具有外向性、开放性、顺同性，这三个特点对学生绩效产生正面作用。外向型的教师更愿意主动与学生沟通，愿意主动了解学生的需求，能够营造出良好的学习氛围，有助于激发学生的学习兴趣，促使学生主动学习；开放型的教师思维活跃，有一定的创新精神，在授课过程中更容易与学生互动，接受学生的新思维，从而教学相长，在学生学习成绩提高的同时，提高自身的教学能力；顺同型的教师富有同情心，善良而且有耐心，能够接受有助于学生成长以及教学的不同意见，鼓励学生独立性与创造性，帮助学生取得好的成绩[82]。

2）职业倦怠

"职业倦怠"这一概念是美国心理学家 Freudenberger 于 1974 年首创的，其含义是指当人们面临超过承受能力的工作需求时，生理和心理会面临双重压力，难以产生兴致和热情，表现为不正常的超负荷、厌倦状态。教师职业倦怠也是这样一种负面情绪，由于长时间超负荷运转导致教师对教育事业产生情感、态度和行为的衰竭，直接导致教师对教育工作情绪的低落，对自身职业生涯的无望和对学生感情上的淡漠。赵宇研究了高职教师职称、学历与职业倦怠之间的关系，研究表明：相对于高级与初级职称，中级职称教师的职业倦怠比较严重。分析原因，可能是这部分教师在高职院校中有一定的工作经历，在工作上有一定的压力，而教学技能与科研能力没有达到高级职称教师的水平，工作热情不断被消磨而造成的，此外，研究也表明，低学历教师职业倦怠高于高学历教师，可能是目前社会对职业教育重视程度越来越高，对教师学历与能力的要求也越来越高所致[83]。焦伟红通过对职业倦怠和自我效能感的关系研究发现，自我效能感与个人成就感呈现明显的正相关，而与职业倦怠呈现明显的负相关。自我效能感高的教师对工作充满热情，积极主动，在教学工作中个人成就感较强的教师，能够承受较大的工作压力，面对困难也能够努力克服。自我效能感较低的教师，会感到无法胜任工作，其悲观情绪会影响工作效率，产生较低成就感以及较高的职业倦怠。其定量研究结果充分说明，教龄、职称也是教师产生职业倦怠的重要因素，通常情况下，某位教师的教龄越长，职称越高，往往肩负的职责和任务就越繁重，这使得他在工作中更容易产生职业倦怠[68]。

2. 环境因素

高职教师胜任力的强弱不是与生俱来的，是高职教师在多样化的环境影响下逐步产生的。由于各高职院校的建校历史、办学规模、地理位置等不同，形成不同的外部环境，同时学校领导管理风格、工作作风不同，也是造成高职教师胜任力不同的因素之一。

1）校园文化

李俊强等通过对高职学生和高职院校教师进行调查发现，由于各高职院校所处的历史时期、空间环境导致其发展受不同时期的国家政策、建校历史、办学规模的影响，进而产生各自不同的校园氛围与环境。此外，领导风格的不同导致具体的学校政策、规章制度、办学宗旨等存在较大差异，从而对各校教师提出不同的职业发展要求，因此各高职教师的胜任特征不尽相同。例如，处于积极校园文化中的高职教师，会在工作中不断进取，相应的胜任力能够不断得到提升[84]。

2）领导方式

高职院校的领导方式是教师职业发展过程中一个很重要的情境因素。领导方式往往在很大程度上决定了校园文化，成为左右教师胜任力发挥的一个控制性变量。秦蔚蔚通过对高职教师开展访谈、问卷调查研究，结果表明，粗放型的管理风格或家长式的行事作风，直接降低了组织效率，一线教师倍感压力，工作胜任力水平低下；与此相反，民主、科学的教学管理机制，以教师工作为主体的管理思想，教师之间以及教师与管理者之间的沟通、合作机制，会有利于教师胜任力水平的提高[75]102。

罗小兰和林崇德的研究结果成为上述结论的有力佐证，他们构建了校领导方式、教师工作人格特征与教师胜任力的预测模型，在定量工具方面选择了结构方程模型，通过回归分析验证了研究假设，证明校领导方式这一因素可以直接影响教师胜任力水平的发挥。两位学者在研究中将学校的领导方式分为学习型和非学习型两种，两者相比较而言，学习型领导方式更有利于教师发挥人格特征中的积极性因素，从而良性促进教师胜任力水平提高[85]。

（四）高职教师胜任力研究述评

从文献综述中可以看出，学者采用不同的方法对高职教师胜任力模型以及研究方法进行广泛的探讨与研究，为今后的研究提供了很好的参考与借鉴。但与此同时，因为高职教育在我国发展历史较短，导致相关研究也比较薄弱。目前，高职教师胜任力的研究主要存在以下不足之处。

1. 在研究成果上，高职教师胜任力模型结构维度过窄

目前，我国的相关研究大多还只是停留在职业教育教学过程中，很多研究结果也是在套用普通高等学校教师胜任能力模型，导致通过研究得到的高职教师胜任力模型过分停留和强调高职教师的教学素养、教学管控能力等方面，职业教育的特点不明显。反观国外相关研究成果，在职业教育发达的国家，对职业教育教师的胜任力模型建构的维度更为全面，研究视角更为丰富。例如，在胜任特征中强调教师的社会服务能力与实践能力等维度。这为我们提供了很好的思路，将社会服务能力与实践能力等要素纳入研究视野和研究重点是未来研究发展的方向，本书亦将重点围绕这一趋势展开研究。

2. 在研究方法上，建模方法的科学性与客观性还需要加强

目前，国内相关研究在胜任特征的圈定、抽取、形成、验证几个环节中，只有形成和验证环节相对较成熟，而样本的圈定、抽取显得比较随意，研究方法也比较单一，研究的信度与效度不能得到良好的保证。

3. 在研究内容上，缺乏对教师胜任力模型中每个胜任要素进行操作化定义

从文献中发现，已有部分研究可以找出高职教师胜任力要素，但大多数研究没有对每个胜任力要素都进行操作化定义，胜任力要素的操作化定义是运用胜任特征等级测评工具的基础，从而使胜任力模型成为未来教师招聘、培养、考核中的依据。

4. 在研究层次上，国内已有研究层次需进一步提高，研究深度与系统性都有待加强

同普通高等学校教师胜任力的研究相比，我国高职教师胜任力的研究起步较晚，成果不够丰富且层次不高，主要以高职教师以及部分研究者发表的期刊论文为主，缺少硕博论文，尤其是未发现与"高职教师胜任力"相关主题研究的博士论文。而且已有的研究成果都以列举高职教师胜任力要素为主。研究成果比较零散，而且不系统。

　　本书研究项目针对以上国内研究存在的问题，应在以下几个方面加以改进与创新。在研究内容上，在形成胜任力模型的胜任要素研究中，将社会服务能力、实践能力等要素纳入研究范畴；在研究方法上，采用行为事件访谈法与问卷调查法相结合的方法。比较而言，这种建模方法的一个主要优点在于能确保较高的模型建构信度和效度，经得起实践的检验，尤其是在高职教师胜任特征的验证环节，在采用行为事件访谈法、问卷调查法等科学方法的基础上，对每个胜任要素进行操作化定义，并以此为依据对全国的高职教师进行测评，保证了结果的科学性与客观性。

第二章　高职教师胜任力模型
构建的理论研究

本章通过对教育哲学理论、教师研究的管理学流派以及职业教育理论的研究，从不同视角界定高职教师应具备的知识、能力与个人品质要求，从而奠定高职教师胜任力模型研究的理论基础。

第一节　高职教师胜任力模型
构建的哲学理论

"哲学"一词，是19世纪末从日本的汉文"哲学"引用过来的。"哲"在汉语中，有"善于思辨，学问精深"的意思，与希腊语 philosophia（热爱智慧、追求真理）的含义一致。哲学探讨研究"人与物"的关系，以其理性的、辅佐证据的方式归纳出自然界的道理，是以"有知验证未知"的方式展开的[86]。教育哲学作为哲学在教育领域的应用学科，秉承了哲学思维方式和基本方法，又融入教育学、心理学等跨学科知识，从哲学角度诠释教育命题[87]。具体到职业教育领域，则将哲学与职业教育学相融合，成为指导职业教育实践的理论基础，不同的哲学思想流派，对从事职业教育的教师的角色、职责、能力要求阐述得也不一样，而这些关于职业教育教师角色、职责与能力的界定就为职业教育教师胜任力结构的建构奠定了理论基础。

一、要素主义职业教育观及教师观

要素主义是西方主要哲学流派之一。也有学者认为，它是一种教育运动，又被台湾学者译为精华主义。要素主义是指人类在社会发展中所保存下来的文化精华。要素主义的哲学基础是观念论和实在论两种哲学内在的结合，观念论主张通过理性去获得普遍的、永恒的知识，实在论主张探究物质的本质是不是依赖于人的意识而存在的客观实在，要素主义所强调的职业训练、严格学业标准、注重学生的感觉经验、强调基于事实的教学和知识的掌握等都是其哲学观的反映[88]。

要素主义哲学认为职业教育的出发点和目的应当兼顾社会的需要与个人的需要，职业教育的作用是：①为所在国家生产的产品在国际市场上拥有竞争优势，而大力发展职业教育；②通过培养优秀的技能型人才，以保证生产优质的产品，通过提高劳动生产率，以降低生产成本；③为了满足就业，为社会成员提供劳动市场上有用的能力与知识。职业教育应该承担以下职能：①为社会成员工作提供所必需的知识与技能；②为使产业工人的技能不过时，跟得上当今职业的最新发展，为他们提供终身学习的机会；③对失业人员进行再培训，以保证他们再就业；④为无法工作的社会成员提供知识与技能上的帮助，以使他们成为有能力的劳动者。要素主义职业教育哲学思想的典型代表人物是查理·普洛瑟（Charles Prosser），他被誉为"美国职业教育之父"。他强调，为满足社会经济的发展，应大力发展职业教育，职业教育为就业而准备，而非为文化而准备，即职业教育应提高效率，为学生就业培养学生的知识与技能。

一方面，要素主义注意培养教师的教育教学能力。普洛瑟提出三个概念：教学效率（E）、职业内容（C）、教学技能（T）。第一个变量取决于教师对后两个变量的掌握，他由此提出公式"$E=C \cdot T$"[89]。要素主义讨论了为教师提供额外的专业协助（professional assistance）的迫切性，以便提升教师基本的授课能力[88]40。要素主义还强调在教师培养过程中，应当提升除其专业能力外，帮助其了解教学规律，改善其掌握课堂的能力。"师者，所以传道授业解惑也"，好教师必须具备良好的传递知识、解答问题与培养人才的能力。因此，在教育与教学过程中，除培养教师的学术水平外，更要注重培养教师的教学、课堂管理与辅导学生的能力。另一方面，要素主义强调公式"$E=C \cdot T$"中的C，即所教授的内容。职业教育的教师应成为所教授领域的技能专家。正如普罗瑟指出的"在某一职业领域,技能掌握者的经验是进行该职业领域培训的最可靠的内容来源。接受职业教育的学生的学习成绩与教师的职业经验有着直接的关系。因此,某一职业领域的技能专家应成为该领域职业教育的教师"[89]226;关于教师观,要素主义还指出,职业教育教师所教授的技能,应当与企业所使用的技能完全一样。对学生的考核与评价,也应以企业或行业所实行的绩效标准来实行[88]41。因此,教师必须了解与掌握行业或企业的绩效标准,乃至成为这方面的专家,最好能参与制定行业或企业绩效标准的项目,并以此来考核学生的能力。

由此可见,要素主义职业教育哲学认为,提高国际竞争力、提高国民就业水平是国家大力发展职业教育的目的。要大力发展职业教育,培养更多有技术、有能力的劳动者,使国家与社会得到发展,人民能从中受益。职业教育教师不但要具备所教授学科或职业领域的知识与技能,更需要掌握职业教育的教学方法与技能,并要具备了解行业技术的能力和根据企业绩效标准评价学生的能力。

二、建构主义职业教育观及教师观

建构主义哲学思想是 18 世纪意大利哲学家维柯提出的,目前已成为当代教育研究领域中重要的哲学理论,并发展成为一种新的教育模式。从建构主义角度看,人类的学习过程是积极地对知识进行建构,而不是消极地对信息进行重复,人类建构知识的方式是不断将新信息联系自身已有的信息,从而不断发展自身的知识体系。而且,建构主义的哲学思想也促进一种新的教学范式,教师在教学过程中,除了对规定教学内容的传输,更应该鼓励学生多提问题,促进学生自主知识建构,教师"教"的关键是教会学生自主建构知识的能力,使学生从机械式学习转化为元认知和自我评价,建构主义哲学思想与教学范式对当代职业教育产生了深远的影响,对从事职业教育的教师的主要影响如下。

1. 强调以学习者为中心的师生关系

建构主义哲学思想认为:由于学生被置于教学活动的中心,其学习需要、家庭背景、文化水平等方面都受到很高的关注,由此,应该将教学重心由教师的"教"转移为学生的"学"。在授课过程中,教师在教授学生知识的同时,还要提升学生信息加工与构建知识体系的能力。Keaka 认为帮助职业院校学生掌握技能与知识,是职业院校教师的重要任务。教师应为学生设置反映工作环境的核心特征的学习环境，培养学生运用所学知识与技能解决实际问题的能力，并鼓励学生与他人合作[90]。Gregson 指出职业院校教师的身份不应当是"师傅"，而应当是"教育者"。教师需要鼓励学生创新，培养学生成为一名优秀的学习者，使他们不断对学习内容进行反思、探究，教师所教授的内容应与学生未来的工作环境有很强的相关性[91]。

2. 强调基于问题解决的教学模式

基于问题解决的教学模式对教师的要求较高，要求教师在从事教学过程中应具备良好的人际沟通能力、指导学生团队工作的能力、能够用较好的教学技能指导与培养学生解决问题的能力。基于问题解决的教学模式包括项目教学法、案例教学法、仿真教学法和行动研究法等。目前，这些研究方法广泛应用于职业教育。

3. 教师帮助学生基于工作情景展开学习

教师应能将教学情境、教学方法与教学内容三者有机结合，使学生基于具体项目在特定工作情境中展开学习。教师在教学过程中起到示范效应，学生需要通过一定的练习、模仿以及思考形成自身解决问题的思路与方法，从而构建自身的知识与技能。Stein 指出职业教育中情境教学应遵照的三个基本原则：①学生的学习总是基于一定的学习环境；②知识和技能可以被迁移；③教师除传授知识外，还要培养学生良好的逻辑思维能力，提升学生解决实际问题的能力[92]。

三、人本主义职业教育观及教师观

人本主义学派强调人类善良的本质、自由与自主性、个体与潜在性、自我概念与自我、自我实现、领悟、责任与仁爱等的基本原则[93]。人本主义强调社会中每个成员的主体性与自主性都应得到尊重，人类应建立充满互相关怀的民主、和谐的社会环境。

人本主义教育学家纽克曼（L. H. Newcomb）提到人本主义教师应当具有多重身份。教师作为知识和事实的传授者的同时，还应当是学生的朋友、引导者和哲学家。随着社会的发展，技术的更新速度也越来越快，教授或学习所有的事实和知识是任何人都无法完成的事。因此，教师的工作并不是让学生记住别人解决问题的方法，而是要帮助学生学会自己解决问题，这才是教师的主要工作[94]。以人本主义哲学为理论范式，职业教育应关怀每位受教育的学生，保障公民接受教育、寻求自身发展的权利。从事职业教育的教师应以人为本，而不是以知识为中心，要充满奉献精神，关心学生个人成长，使每位学生成为教学的一部分。首先，人本主义哲学观强调从事职业教育的优秀老师不仅要有渊博的知识、良好的技能，更需要具备高尚的道德品质。国际 21 世纪教育委员会认为，当学生在更为严峻的环境下学习时，如面临贫困失学、生理或心理疾病、家庭失和等，教师对学生的关怀需要更为全面，无私的感情和极度的耐心等良好的人格特征成为人们对教师的希望[95]。相比较普通高等学校，职业院校的学生结构更加复杂，需求也更具有多样性，这就对职业教育师资队伍提出了更大的挑战。其次，师生关系也是人本主义强调的一个方面，和谐型教学关系首先建立在和谐的师生关系基础上，在职业院校中由于学生入学分数较低，基础知识较为薄弱，教育更应该从尊重个人发展的人本主义哲学思想出发，建立更加平等以及和谐的师生关系。从职业教育偏重于实践教学的特点出发，教师担任主导教学任务的角色，学生是学习任务的支配者。学生不再单纯被动地接受灌输，而是反转成为主动学习的个体，教师需要转变观念，善于回答学生在主动学习过程中引发的各种疑问，真诚地与学生交流情感，平等地与学生进行研讨，从而为实际问题的解决寻找最优化方案。最后，人本主义哲学观强调职业教育教师的专业能力，教师具备相应的职业能力虽然重要，但教育学生与培养学生成长更为重要，教师要从学生发展出发，将知识、技能的传授与培养学生身心健康发展相结合，重视对学生的管理，并以此为基础展开教育教学活动，正如 Evans 指出的，很多时候为了增加教师数量以适应学生的数量，往往采用降低教师准入门槛的做法，这种做法忽视了教师对学生发展的教育作用，也大大损害了职业教育工作者的专业形象[88]48。

综上所述，各个教育哲学流派对教师的角色、职责、能力要求不同，但都强调教师应掌握与精通所教授的职业知识与技能，都认为教学能力对于教师至关重要，教师应发挥指导学生成长、成才的作用，从事职业教育的教师要既能承担教学工作，也能解决工作中的实际问题，这是高职教师胜任力研究的哲学基础。但不同职业教育观对教师职责、发挥作用、能力要求也有所不同，如人本主义哲学认为，管理学生、营造良好的学习氛围是教师必备的能力，指导学生人格发展也是教师应该承担的职责；要素主义哲学认为，教师应该成为所教授职业领域的专家，其所教授的课程应该与企业中所使用的技能一样，并以企业或者行业的绩效标准进行考核；建构主义哲学观认为，教师应该为学生学习设置学习情景，并反映出今后学生所从事工作的情景特征，采用问题解决的教学模式，将学生置于教学活动的中心，从而教会学生自主建构知识的能力。总之，前人的研究为本书对高职教师胜任力的研究提供了哲学基础。

第二节　高职教师胜任力模型构建的管理学理论

一、科学管理理论

"科学管理之父"泰勒（F. W. Taylor）在 1903 年出版的《工厂管理》（*Shop Management*）一书中以铁块搬运工为例详细介绍了把工作分成若干部分并进行计时而提高劳动效率的问题。在其 1911 年出版的《科学管理原理》（*The Principles of Scientific Management*）一书中提出了"时间-动作研究"方法。首先，他选择适合完成特定工作的工人作为研究对象，在其工作时，仔细观察工作环境、工作环节，同时使用工具记录每个工作环节的具体时间，进行流程再造，将工作程序与方法标准化，提高生产效率，并在此基础上，科学地选择并训练、教育和培养工人[96]。泰勒的科学管理理论对于管理的科学化起到了巨大的推动作用，泰勒的工作可以看作对胜任力最早的研究，开启了胜任力研究的先河[17]56-58。

二、胜任力理论

胜任力的概念起源于古罗马，学者们通过构建胜任剖面图对一名优秀的战士进行评述，胜任力体系正式确立的标志是 1973 年美国心理学家 McClelland 在《美国心理学家》（*American Psychologist*）杂志发表了题为 *Testing for Competence Rather than for Intelligence* 的文章。McClelland 当时受美国新闻署

（USIA）委托，首次采用行为事件访谈法选拔驻外服务新闻官，通过比较分析工作绩效优秀和工作绩效普通官员的具体行为特征，识别出能够取得优秀工作绩效者的个人潜在特征。通过调查发现，工作绩效优秀者的胜任特征并非传统的管理技能，而是"跨文化的人际敏感性""政治判断力"等潜在的个性特征。根据这一结果，他提出，用胜任力指标对工作绩效做出预测，可以克服传统的人才测量与甄选机制的内在缺陷。McClelland 在文章中深入分析了传统的人才测量与甄选机制存在的问题，虽然他承认传统的智力测试有一定的信度，但是又对该测试在企业招聘、学校招生方面的实用效度质疑。他列举了大量的研究数据，证实了通过传统的智力测量手段选拔出来的优秀人才，将来并不一定能在工作岗位上取得优秀绩效。在此基础上，他提出用胜任力的指标来预测工作绩效，并提出了基于胜任特征的有效测验原则[97]。早在 1963 年，McClelland 与同为心理学家的 Berlew 合作创建 McBer 管理咨询公司，借助这一平台，胜任力的应用研究得到了不断加强和长足发展，在全世界掀起了胜任力建模的热潮，其影响扩展到各行各业，并导致一系列变化。目前，有关胜任力理论和模型的应用越来越多，并已经从当初的人才选聘、识别培训需求的一个辅助工具，逐渐发展成为一个目标明确的开发性活动。

三、社会分工理论

我国古代政治家管仲、古希腊哲学家苏格拉底、柏拉图等都对社会分工的思想做过论述，但还是亚当·斯密对社会分工理论的影响相对最大，他在《国富论》中这样阐述社会分工："分工是提高生产率的关键。"亚当·斯密列举了制造大头针的例子来说明分工的好处，"经由分工，将整个制造程序分为 18 个阶段，每个阶段都雇用技艺熟练的好手，我曾看到一家很小的工厂，一共雇用 10 个工人，但每天可以生产 48 000 根大头针，分工的发展以及越来越精细的专业化作业，这是正在出现的工厂制度的主要结果，有了分工，同样数量的劳动者就能完成比过去多得多的工作量。"[98]

但是，虽然社会分工设置了专门岗位技能的培训标准，提高了劳动生产率，乃至影响了国际贸易中各国的分工，但是这种分工如卓别林主演的电影《摩登时代》中所表现的情景："把工人的动作标准化，使工人成为机器的附属，不惜压榨工人来换取超额利润。"正如马克思所阐述的："社会化分工把工人变成畸形物，它压抑工人的多种多样的生产志趣和生产才能，人为地培植工人片面的技巧，个体本身也被分割开来，转化为某种局部劳动的自动的工具。"[99]因此，要做到"人职匹配"，最关键的就是要对工作岗位信息以及个人能力进行全面了解与考察，这样既能保证人员合理流动，克服人员的片面发展，使人员得到全面发展，又能做到"人职匹配"，提高劳动生产率，这需要通过工作分析来实现。社会分工、人力资源配置、人的全面发展思想为后来工作分析理论的产生奠定了基础。

四、工作分析理论

《中国百科大辞典》把工作分析定义为："依据组织总体目标，对某种工作的性质、过程和方法以及胜任该工作所需的技术知识、能力与责任等的具体规定。"[100]工作分析思想起源于公元前 5 世纪，古希腊著名的思想家苏格拉底（Socrates）指出："在理想的社会，社会的需求是多种多样的，只有让每个人从事他最适合的工作，才能取得最高的效率，所以人们需要去了解各种不同的工作以及工作对人的要求。"[101]这种思想为后来的工作分析理论研究奠定了基础。丹尼斯·狄德罗是历史上第一个大规模对工作分析理论进行实践的人，他在编著百科全书的过程中，在广泛收集资料的基础上进行了系统的流程管理，简化了工作环节，提高了工作效率，从而取得很好的成就，被誉为"百科全书派的精神领袖"[102]。在工作分析理论不断发展与完善下，工作分析已成为人力资源管理胜任力模型开发的重要工具之一。

总之，从高职教师胜任力模型构建的管理学视角，对工作分析理论及胜任力理论的阐述中不难发现，两者分别从"工作的角度"与"人的角度"对人力资源管理提供理论支撑。相应地，我国学者主要存在两种研究模式，一种是以工作分析为基础的技术管理模式，另一种是以胜任力为基础的行为管理模式。本书研究采用后一种研究模式，对高职教师的胜任力进行研究。

第三节　高职教师胜任力模型
构建的教育学理论

探究职业教育的本质属性，考察其区别于普通高等教育的特征，研究高职院校教师工作岗位特点是构建高职院校教师胜任力模型的另一理论基础。

黄炎培认为职业教育是"用教育法使人人依其个性，获得生活的供给与乐趣，同时尽其对群之义务"，其使"无业者有业，使有业者乐业"，其职业教育目的十分明确；《中华人民共和国职业教育法》规定："职业教育是国家教育事业的重要组成部分，是促进经济社会发展和劳动就业的重要途径。"[103]它明确规定了职业教育在我国教育体系中的地位以及职业教育的作用；《教育大词典》将其定义为"传授某种职业或生产劳动知识和技能的教育"[104]。刘春生认为，广义的职业教育是指一切培养人们职业态度、职业知识与能力，使人们能从事某种职业的教育活动，而狭义的职业教育是指通过职业院校进行的有计划、有组织的教育活动，培养学生的职业知识、能力与态度，为学生将来从事某种职业做准备[105]。由此可以看出，一是无论广义还是狭义对职业教育的定义，培养学生的职业态度与职业知识、能力同等重要；二是现代职业教育已由单一的以工作为定向的教育观念转为以培养人的全面发展为目标的教育观念，培养符合现代经济与社会需要的职业人，职业教育的特征是职业，但本质不能脱离教育，不能丧失育人的功能。

虽然学者们对职业教育的内涵仁者见仁，智者见智，但在培养目标、教学方法与教学内容等方面达成了共识，职业教育教师与普通高等教育教师相比具有不同的胜任力结构与要求。

一、技术技能型人才培养目标

人才培养的类型可以分为四大类，分别是科学型、工程型、技术型和技能型。其中，以培养科学型与工程型人才为目标的普通高等教育，所培养的人才的特点是拥有较高的文化水平与较强的分析能力，能够从事科学研究以及理论研究工作，而相对其理论知识的要求，对其实践操作能力的要求并不高，而职业教育主要培养的是技术型和技能型的人才，不是科学型与工程型的人才。职业教育以培养技术型、技能型人才为目标，技术与技能的学习有其自身的规律[106]，职业院校学生的学习特点意味着将陈述性知识转化为程序性知识需要更多的现场教学，教师更多地是示范技能，学生通过不断学习演练，从而掌握技能，职业教育的技术型、技能型人才培养目标决定了对学生的评价不仅是考查学生对知识的掌握情况，更重要的是与学生所学专业或岗位技能标准接轨，对学生的技能领域与情感领域进行考核评价，因此，职业教育的评价工具标准相对于普通高等教育更为复杂，从事职业教育的教师要具备组织开展现场教学、指导学生练习及技能考核与评价的能力。

二、符合技术技能养成的灵活的教学方法

职业院校的学生比普通高等学校的学生，其抽象思维与逻辑思维能力较弱，而形象思维与动手实践能力更强一些，这表明单一的课堂讲授教学法不适用于职业院校的学生。Jelsma 提出，在技能学习中，不同的情境中运用相同的技能，迁移速度最快[107]。因此，从事职业教育的教师要善于创设情境，帮助学生完成技能迁移，要多采用项目教学、案例教学与互动教学等多种教学方法，从而使教学内容更加具体，形象生动，更易为学生掌握。同时，与从事普通高等教育的教师相比，职业院校的教师需要经常借助工具进行展示、模拟操作[108]。因此，演示教学法、体验式教学法、参观式教学法等需要被职业院校的教师更多地掌握并应用到日常的教学实践中。

三、多样的教学组织形式

在教学组织上，职业院校与普通高等学校也存在较大差别，职业教育需要更多的来自行业与企业的参与，工学结合，推行多样化的人才培养模式[106]10。因此，教师在授课过程中，除了传统的班级教学的模式，还要在实训、实习场所以及进入真实企业展开实景教学，这对教师提出了更高的课堂管理的要求，与其他教学形式相比，职业教育教学任务的一个重要工作就是教学管理，教师在教学期间应该能够管理好实训室与工作车间，能够管理、分发工作材料及其他设备，以保证良好的教学秩序。教师应该具备教学组织管理的能力，还需要具备防范和处理教学组织下的安全隐患和安全事故的能力，并且具有很强的应变能力。

第四节　职业院校教师能力结构的历史研究理论

从我国职业教育的历史发展进程中可以看到，不同时期对教师的知识、教师的能力，以及教师的人格品质的衡量标准是不尽相同的。高职教育在我国出现后，便把研究的重点放在高职教育师资培养上，即研究每个历史阶段对从事职业教育的教师要求是什么、对教师的知识、能力与人格品质要求是什么、为探讨高职教师胜任力提供依据。

一、清末职业教育前：因技术技能而为师，缺少专业能力要求

教育是社会现象，在原始社会就已萌芽，教育起源于劳动，是适应传授生产劳动及社会生活经验的需要而产生，并随着社会的进步而逐渐发展的。职业教育这种传授劳动者从事生产活动所需知识技能的教育模式，起源可以追溯到原始社会[109]。我国古代职业分化程度较低，因此在我国古代没有社会化的职业教育体系，职业教育仅局限在个别特殊行业或工种之中[110]，原始氏族公社时期，"神农因天之时，分地之利，制耒耜，教民农作""尧聘弃……拜弃为农师，封之台，号为后稷""嫘祖始教民育蚕，治丝茧以供衣服"等史籍都记载了当时活跃的职业教育活动。奴隶社会出现了关于"百工"的记载，发达的手工业和商业产生了为提高奴隶手工业技能的强制性职业教育，"官守学业"则产生了在官吏中实行"子习父学"的职业教育形式。这两种职业教育形式被看作我国古代职业教育的萌芽[111]。进入封建社会，科学技术和手工业得到进一步发展和繁荣。个体经济的确立、私人手工业者的出现以及随着教育文化的下移而兴起的私学，促成了私学中职业教育的出现，如墨子创建的手工业私学，主要用于讲授制造器械、木工等技能知识；许行创立的农家学派，设学收徒，著书立说，传授与农业生产相关的技能。奴隶制的废除则形成了家庭作坊，这是一种手工业者在家庭内部进行的"家业父传"型的职业教育形式。秦汉以后至唐宋时期，我国的政治经济和科学文化快速发展，为了满足社会发展的需要，政府积极开展"设官教民"的职业教育活动，同时，随着社会化分工的更进一步扩大，出

现了"艺徒制"这种学徒制式的职业教育制度，如隋唐时期政府对官营手工作坊的发展就制定了明确的学徒职业培训规则。元明清时期，我国的职业教育随着封建社会的衰败开始进入缓慢发展期，但"艺徒制"得到了延续发展，并已普遍存在于私人手工作坊之中。可见，我国古代职业教育的发展中，教师主要通过"言传身教"的形式，将自己所掌握的行业相关知识、经验和技能通过在实践中的实际操作和现场指导进行传授，即仅"因技术技能而为师"，缺少对其专业能力的要求，职业教育缺乏学校教育基础，缺少完整的职业教育制度，没有形成一个系统的职业教育体系。

1864 年，李鸿章提出："中国欲自强，则莫如学习外国利器，欲学习外国利器，则莫如觅制器之器。师其法而不必尽用其人，欲觅制器之器与制器之人，则我专设一科取士，士终身悬以为富贵功名之鹄，则业可成，业可精而才亦可集。"[112]与此同时，洋务派等开始创建机器化生产的企业，原有的学徒制教育已无法满足企业对技术人员和熟练工人的需求，因此，一些官员开始在企业中附设专门培养技术人员和熟练工人的专业技术学堂，如 1866 年创办的福建船政学堂，即中国最早的近代职业教育学校[113]。此后，各地地方官员也支持建立起了一批工、农、商类的独立的职业院校。同时，西方国家的教会也创办了一些西医教会职业院校。这一时期的职业教育学校的教师主要由教会学校师生、洋务学堂教师和留学生三部分组成，不同来源的教师受到不同任职资格和能力标准的约束。洋务学堂对教习任职资格有相应规定，如孙家鼐提出："外国教习，须深通西学，兼识华文，方无扦格，修脯必丰，礼敬必备，中西教习，一律从同。"[114]可见，对洋教习的任职资格无可循规章，标准模糊，聘任条件差距大、随意性明显。留学生多为幼年通过教会学校送到海外学成后回国执教的学生。由于他们具有较好的国学基础，并接受了西学的系统教育，对留学生执教的资格要求主要是具有良好的师德与师风，并对西学实用技术技能精通。通过对上述近代历史上"新政"前的相关资料的研究和整理，这一时期对从事职业教育教师专业能力的标准可概括为：①采用提问、谈话、讲解、阐发等多种新的教学形式对教学内容进行解释，使学生能够在理解的基础上加以掌握；②能够保持师生关系的平等，努力营造和谐与融洽的师生关系；③秉承"中学为体、西学为用"的指导思想，在教学内容上，以学习"西文""西艺"为主，在教学方法上，注重教学中理论与实践相结合；④合理安排实践性课程，开展工作实习；⑤能够通过传授知识，培养学生为国家和民族而服务的意识。

二、职业教育萌芽至新中国成立：职业经验的强调重于专业能力

1902 年清政府颁布《钦定学堂章程》（壬寅学制），建立了中国近代第一个学制。这一学制存在职业教育与普通高等教育两种体系，两者无优劣高低之分。其中，职业教育分初、中、高三个层次，均包括农、工、商、船四大类，中等实业学堂毕业生可申请升入高等实业学堂继续学习。清末职业教育特别重视实业学堂的师资培养，专门设置"实业教员讲习所"培养各类实业学堂教员。实业教员讲习所对实业教师任职资格的规定如下。①知识的掌握能力，农业、商业教员需完成农科、商科相应的专门课程的同时，还要完成人伦道德、英语、教育、教授法、体操等公共课的培训。工科教员则除了需要按金工、木工、染织、窑业、应用化学、工业图样 6 个专门科的划分完成相应的专门课程，还要接受人伦道德、算学、物理、化学、图画、工业理财、工业卫生、机械制图实习、英语、教育、教授法、体操等对应公共课的学习和培训。②技艺的实操能力，实业教师需要接受过至少几年的所在行业的见习、实习活动，熟悉行业中各部门的活动，能够进行技艺的现场操作，能够管理指挥工人和劳动者。例如，福建船政学堂要求"出自学堂者，则未敢信其能否成材，必亲试之以风涛，乃足以归其胆智，否即实心讲究，譬之谈兵纸上，临阵不免张皇"[115]。

1911 年，中华民国临时政府成立，随着国人对国外教育尤其是国外职业教育发展的深入了解，当时国内实业界、教育界及政界的很多知名人士纷纷提出要大力发展中国的职业教育，这些倡导、宣传和支持掀起了一股职业教育思潮，"常常是思潮先起，催生制度建树，制度推进，又引发新的思潮，如同一车之两轮，推动中国现代职业教育从无到有的历程"[116]。民国职业教育已经非常重视职业教育的实践性，强调对技术技能的培养。为培养更多高技能实用型人才，民国政府、教育界十分重视对职业教育教师的任职条件设定，在选拔职业教育教师时，除了需要符合政府设定的师资基本框架条件，还提出了针对职业教育的特殊条件。民国职业教育师资大致可分为三类，即行政人员、普通科教师和职业科教师。其中，按职业院校的不同级别，职业科教师又分为高级职业院校教师、初级职业院校教师和职业补习学校教师三类。可见，"惟职业科教师极难得适当人选，其条件必须：①对于所担任的专门学科，要有职业的经验、实际的技能、

专门的学识；②对于教育原理及方法，尤其职教原理，宜有明晰的理解及实施技能……，偏于技术或偏于学理的人，均不能为造就有效果的学生的教师"[117]。

1933 年 3 月教育部颁布的《职业学校规程》提出，职业院校教师应具有健全的品格，以及所在专业的理论知识，同时，必须具备相应的职业经验和经历。例如，高级职业院校的专业教师应在师范院校毕业后，具有一年以上的相关工作经验，或在国外师范院校、相关专科学校毕业后，具有二年以上的相关工作经验，或拥有专门技能，并在相应工作单位工作四年以上且成绩优异；初级职业院校的专业教师则应符合上述高级职业院校教师的任职要求，或在国外师范院校、相关专业学校毕业后，具有一年以上相关工作经验，或高级职业院校及相当水平学校毕业后，具有二年以上的工作经验且成绩优异。此外，《职业学校规程》还特别提出，任何有违法违纪、成绩低劣、工作违规、行为不端、嗜好不良等相关记录的人，均不具备出任职业院校教师的资格。同年 10 月，教育部在《职业学校设施原则》中规定，职业院校教师应具有精湛的专业技术技能，亦可采取专业技师与理论课教师共同授课的教学模式，通过专业技师的现场示范，带领学生现场实践的方式，教导学生掌握具体的技术技能，这种教学方式的目的性是很明确的，即在教授学生理论知识的同时，指导学生实践技术技能的操作，切实地突出了职业教育本身的职业技能学习的特质，也为职业院校聘任校外技术技能人才讲授实训、实践类课程提供了依据。可见，政府对职业院校专业教师的要求较高，且必须具有一定的职业工作经历和经验，切合了职业教育的职业属性要求。与当时职业教育所秉持的"实践应用性""理论与技术技能并举"的教学目标相一致。

从以上梳理可以看出，从清末到新中国成立这段时期，我国职业教育和师范教育均得到了大力发展，一方面，建立起了众多职业院校，大量培养了有实践技能的人才；另一方面，产生了专门培养教师的师范教育模式，为职业院校培养了大量师资，促进职业院校教师这一职业的专业化、科学化。教师的教育教学能力得到了关注，其中，职业院校教师培养课程中，包含教育学、教学法等师范类专业课程，有效地提高了职业院校教师的教育教学水平。与职业院校教师必须经过师资培训的要求相对应的是，在当时国家技术人才稀缺的背景下，对职业院校教师的任职资格更偏重于对其职业经验的审查，而忽略对教师职业所必备的教育教学专业能力的检验。

三、新中国成立至 20 世纪 80 年代：专业能力日益得到重视

新中国成立后，国家对原有学校的教学体制进行了系统化的改造和调整，开办了大量各类技术技能的短期培训班，以期培养和培训大量的初、中级技术技能人才，满足当时恢复和发展国民经济的需要。正是在这种背景下，对于职业院校的师资的需求也出现了激增的现象，政府当时主要采用短期速成与长期培训两者结合的师资培养模式，并选聘部分优秀的技术人员和出色的工匠师们出任职业院校专/兼职的专业教师。

1949 年《中国人民政治协商会议共同纲领》中明确指出，中国的文化教育应是"新民主主义的、民族的、科学的、大众的"，应强调技术技能性，强化在职和业余进修培训，以适应国家建设和发展的需要[118]。1950 年的全国高等教育研究会上提出，要大力发展专科层次的高职教育，以满足当时国家建设对高级专门人才的迫切需要。新中国成立后的第一个五年计划于 1953 年启动实施，建设重点就是进行社会主义改造，进行有计划的工业和重点工程建设，为了满足当时国家发展建设的人才需求，众多技工学校纷纷成立，为国家工业建设培养了大量的技术人才。1954 年的《关于改进中等专业教育的决定》中指出，中等专业学校的师资水平不高，应进行理论与实践的有效结合，进一步改进教学效果，提高教学水平。具体可通过制定理论与实践并重、相互衔接的教学计划来实现，进一步明确了实践教学的重要性和作用，严格遵守《关于改进中等专业教育的决定》所规定的教学原则，具体包括，以课堂教学为基础，通过课堂教学、课上练习、课下设计、习题解析等具体教学方式，结合案例教学方法，实现让学生在掌握理论知识的同时，具有一定的解决实际问题的能力；加强学生实践动手能力、独立工作能力、共同学习能力；及时有效地对学生的学习情况做出评价。这被视为对职业院校教师教学能力的最早的、较为详细的职业能力规定。

教育部于 1979 年拟定的《全日制中等专业学校工作条例》（征求意见稿）中更进一步指出，教师应做到爱岗敬业、教书育人，具体是指，以做好教学工作为基础，采取有效的教学方式方法，现场指导实践操作，提升教学质量；做好学生德育教育，培养德智体全面发展的人才；为人师表，以自身言行影响教育学生；坚持不懈地学习、提高个人思想政治觉悟，钻研专业知识和技术技能。1986 年，

国家教委颁布《关于加强职业技术学校师资队伍建设的几点意见》中指出,初级职业技术院校的教师应具有专科学历,其中,一些技术技能型较强的专业教师的选任,如确系具有较为丰富的授课经验、课堂效果良好,则可适当放宽学历要求,中、高级职业技术院校的教师任职的学历标准最低为本科学历。1986 年 11 月的《技工学校工作条例》中也提出,教师应做到关爱帮助学生、精进业务水平、提升教学质量,做好技工类院校教师应承担的育人和授业的工作。

可见,这一阶段职业教育得到了大力发展,且改革力度较大,对职业院校教师任职能力不仅按其学历和职业技能水平等客观标准进行衡量,还要考察和评价求职人员的教育教学水平和能力。同期,我国职业教育学校的师资培养体系已初步构建,除重点培养职业院校教师的职业技术类师范院校外,还包括高等师范院校等其他职业院校师资培养教育机构,对职业院校教师的要求也重新回归至对教育教学能力的评价上来。

四、20 世纪 90 年代至今:明确"双师型"教师含义和专业能力标准

20 世纪末到 21 世纪初的 20 余年时间,是我国经济体制转轨、大力发展现代化经济的时期,职业教育也因此进入了大发展阶段,形成了中等职业教育规模化发展,高等职业教育快速发展,学习引入国外发达国家职业教育模式,全社会兴办多形式、多层次职业教育的局面。职业院校教师的能力也得到了提高,1993 年,我国颁布了《中华人民共和国教师法》,其中对"教师"做了明确的定义,"教师是履行教育教学职责的专业人员,承担教书育人,培养社会主义事业建设者和接班人、提高民族素质的使命"。同时,规定任职教师的人员必须是遵纪守法、爱教敬业、品德端正的中国公民,并具有《中华人民共和国教师法》要求的学历;或必须是通过中华人民共和国职业资格证考试的、具有相应教育教学能力的人。

我国政府首次正式提出"双师型"职业院校教师概念,是在 1995 年国家教委发布的《国家教委关于开展建设示范性职业大学工作的通知》中。1999 年,《中共中央 国务院关于深化教育改革全面推进素质教育的决定》进一步明确指出,应更多地聘请企业高级技工、管理人才到职业院校担任教师工作,充实现有师资力量,培养一批既具有教师资格又具备职业技术资格的"双师型"教师。

此后，"双师型"教师在国家有关职业教育相关规定中多次出现，但对其评定标准却没有详细、明确的阐述。最终，教育部于2004年出台的《关于全面开展高职高专院校人才培养工作水平评估的通知》中，对职业院校"双师型"教师的标准进行了明确说明，必须是具有讲师及以上职称，并同时具有"专业技术职称""本专业企业工作经历""参与应用技术研究""主持或主要参与两项校内实践教学设施建设或提升技术水平的设计安装工作"这四项中的一项能力，才能被认定为"双师型"教师。显见，上述标准更注重对专业教师职业技能的考察，对教师的专业知识、专业能力、人格品质规定较少。

2013年9月，教育部出台了《中等职业学校教师专业标准（试行）》（以下简称《标准》），《标准》对中等职业学校教师专业标准的评定体系进行了构建，认为中等职业学校教师专业标准的测评应从专业理念与师德、专业知识、专业能力三个方面进行，详见表2-1。

表2-1　教育部《中等职业学校教师专业标准（试行）》[119]

维度	领域	基本要求
专业理念与师德	（一）职业理解与认识	1. 贯彻党和国家教育方针政策，遵守教育法律法规； 2. 理解职业教育工作的意义，把立德树人作为职业教育的根本任务； 3. 认同中等职业学校教师的专业性和独特性，注重自身专业发展； 4. 注重团队合作，积极开展协作与交流
	（二）对学生的态度与行为	5. 关爱学生，重视学生身心健康发展，保护学生人身与生命安全； 6. 尊重学生，维护学生合法权益，平等对待每个学生，采用正确的方式方法引导和教育学生； 7. 信任学生，积极创造条件，促进学生的自主发展
	（三）教育教学态度与行为	8. 树立育人为本、德育为先、能力为重的理念，将学生的知识学习、技能训练与品德养成相结合，重视学生的全面发展； 9. 遵循职业教育规律、技术技能人才成长规律和学生身心发展规律，促进学生职业能力的形成； 10. 营造勇于探索、积极实践、敢于创新的氛围，培养学生的动手能力、人文素养、规范意识和创新意识； 11. 引导学生自主学习、自强自立，养成良好的学习习惯和职业习惯
	（四）个人修养与行为	12. 富有爱心、责任心，具有让每个学生都能成为有用之才的坚定信念； 13. 坚持实践导向，身体力行，做中教，做中学； 14. 善于自我调节，保持平和心态； 15. 乐观向上，细心耐心，有亲和力； 16. 衣着整洁得体，语言规范健康，举止文明礼貌

维度	领域	基本要求
专业知识	（五）教育知识	17. 熟悉技术技能人才成长规律，掌握学生身心发展规律与特点； 18. 了解学生思想品德和职业道德形成的过程及其教育方法； 19. 了解学生不同教育阶段以及从学校到工作岗位过渡阶段的心理特点和学习特点，并掌握相关教育方法； 20. 了解学生集体活动特点和组织管理方式
	（六）职业背景知识	21. 了解所在区域经济发展情况、相关行业现状趋势与人才需求、世界技术技能前沿水平等基本情况； 22. 了解所教专业与相关职业的关系； 23. 掌握所教专业涉及的职业资格及其标准； 24. 了解学校毕业生对口单位的用人标准、岗位职责等情况； 25. 掌握所教专业的知识体系和基本规律
	（七）课程教学知识	26. 熟悉所教课程在专业人才培养中的地位和作用； 27. 掌握所教课程的理论体系、实践体系及课程标准； 28. 掌握学生专业学习认知特点和技术技能形成的过程及特点； 29. 掌握所教课程的教学方法与策略
	（八）通识性知识	30. 具有相应的自然科学和人文社会科学知识； 31. 了解中国经济、社会及教育发展的基本情况； 32. 具有一定的艺术欣赏与表现知识； 33. 具有适应教育现代化的信息技术知识
专业能力	（九）教学设计	34. 根据培养目标设计教学目标和教学计划； 35. 基于职业岗位工作过程设计教学过程和教学情境； 36. 引导和帮助学生设计个性化的学习计划； 37. 参与校本课程开发
	（十）教学实施	38. 营造良好的学习环境与氛围，培养学生的职业兴趣、学习兴趣和自信心； 39. 运用讲练结合、工学结合等多种理论与实践相结合的方式方法，有效实施教学； 40. 指导学生主动学习和技术技能训练，有效调控教学过程； 41. 应用现代教育技术手段实施教学
	（十一）实训实习组织	42. 掌握组织学生进行校内外实训实习的方法，安排好实训实习计划，保证实训实习效果； 43. 具有与实训实习单位沟通合作的能力，全程参与实训实习； 44. 熟悉有关法律和规章制度，保护学生的人身安全，维护学生的合法权益

维度	领域	基本要求
专业能力	（十二）班级管理与教育活动	45. 结合课程教学并根据学生思想品德和职业道德形成的特点开展育人和德育活动； 46. 发挥共青团和各类学生组织自我教育、管理与服务作用，开展有益于学生身心健康的教育活动； 47. 为学生提供必要的职业生涯规划、就业创业指导； 48. 为学生提供学习和生活方面的心理疏导； 49. 妥善应对突发事件
	（十三）教育教学评价	50. 运用多元评价方法，结合技术技能人才培养规律，多视角、全过程评价学生发展； 51. 引导学生进行自我评价和相互评价； 52. 开展自我评价、相互评价与学生对教师的评价，及时调整和改进教育教学工作
	（十四）沟通与合作	53. 了解学生，平等地与学生进行沟通交流，建立良好的师生关系； 54. 与同事合作交流，分享经验和资源，共同发展； 55. 与家长沟通合作，共同促进学生发展； 56. 配合和推动学校与企业、社区建立合作互助的关系，促进校企合作，提供社会服务
	（十五）教学研究与专业发展	57. 主动收集分析毕业生就业信息和行业企业用人需求等相关信息，不断反思和改进教育教学工作； 58. 针对教育教学工作中的现实需要与问题，进行探索和研究； 59. 参加校本教学研究和教学改革； 60. 结合行业企业需求和专业发展需要，制定个人专业发展规划，通过参加专业培训和企业实践等多种途径，不断提高自身专业素质

《标准》提出，其基本理念是师德为先、学生为本、能力为重、终身学习。《标准》为我国中等职业学校教师的专业发展提供了国家标准，为其他职业院校师资培训机构提供了能力培养依据，是我国对中等职业学校教师能力评定标准的首次详细阐述。目前，《标准》只针对中等职业学校，而对高职教师的专业标准是什么，是否与此相同，有何差异或独特要求还缺少调查和研究，希望本书研究可以为高职教师专业标准的出台提供一些依据。

第五节 职业教育教师专业能力
标准的国际比较教育理论

　　职业院校教师通常是掌握相关专业技能的工作人员，职业院校教师的教学工作也已成为一种专业性工作，因此，随着职业院校教师知识的积累、技能的提高和素质的完善，职业院校教师的专业化水平也逐渐提高，职业院校教师专业标准的研究与制定已成为国际职业教育领域关注的焦点。2012 年，联合国教科文组织在第三届世界职业教育大会上就明确地提出，为提高职业院校教师能力的专业化水平，各国应积极制定相关政策和标准。20 世纪末，国外发达国家纷纷开展职业院校师资培养的专业化进程，制定了相关的专业能力评价标准，为职业院校师资培养提供了依据。因此，全面、客观地研究国外发达国家的职业院校教师专业能力标准的制定方法、内容及其运用的理念，将有助于本书所展开的研究，并为我国未来高职教师专业能力标准的制定提供参考。

一、美国的职业教育教师专业能力标准

　　美国对于职业教育教师专业能力标准的研究开始较早，这主要是基于美国政府的大力支持，相关职业教育培养和培训机构纷纷开展对职业院校教师专业能力标准设定的相关讨论和研究。当前，美国国家专业教学标准委员会（The National Board for Professional Teaching Standards，NBPTS）等机构以及公立教育学院教育研究部门均制定和提出了相应的标准来评估职业教育教师的专业水平。1987 年成立的美国国家专业教学标准委员会（NBPTS）是一个非营利组织，通过建立一套高而严格的标准来界定教师应该具备的知识与能力，然后用来作为教师资格认证的标准。委员会由 63 位成员组成董事会，董事会成员构成主要来自专业教师，负责对委员会的日常管理，其工作宗旨包括：首先，制定从事职业教育合格教师的标准，要对合格教师"应知道什么"与"应该做什么"提出严格要求；其次，要开发一个系统，来帮助自愿申请从事职业教育的教师进行相关测评和资格认证，同时，阶段性地提出教育教学的改革措施。1997 年，

该委员会制定了国家职业教育证书标准，提出职业教育教师需要具备的最基本要求，即《国家职业教育认证标准》（*Vocational Education Standards for National Board Certification*），1999 年对其进行了修订，2001 年颁布修订后的新标准《生涯与技术教育标准》（*Career and Technical Education Standards*）（以下简称《标准（美）》）。《标准（美）》涵盖 4 个领域，提出 13 项标准，"每个标准都用一个可观察的影响学生发展的教师行为来表述"[120]，通过《标准（美）》的教师将被颁发优秀教师资格证书，并被视为该领域内的佼佼者。要想获得该证书，教师还必须具备以下硬件条件，即有 3 年及以上的教学经验，拥有学士学位[121]。《标准（美）》依据教师在教学过程中的行为可能对学生产生的影响，从"提供有效的学习环境，提高学生的学习成绩，提供学生角色转换指导，提高教育质量"4 个维度进行标准测评。具体内容如表 2-2 所示。

表 2-2　美国国家专业教学标准委员会职业教育教师专业标准

领域	标准
为学生提供一个有效的学习环境	1. 了解学生：一个合格的教师要致力于提高学生的学习成绩，并给学生以幸福感，要进行个性化教学并不断地获取人类发展的新知识，来更好地理解和满足学生的需求
	2. 掌握学科知识：一个合格的教师应该掌握当前社会工作所需的核心知识、工业技能、生产过程、行业专业知识及基本的学术知识，并利用这些知识来确定课程目标，完成教学设计，促进学生学习和评估学生的发展
	3. 创造一个良好的学习环境：一个合格的教师要有效地管理其课堂并为学生创造一个良好的学习环境，要培养学生的民主价值观念、冒险精神、热爱学习的心态。在这种环境下，学生能通过这些情境式教学、独立而又合作式的实验及模拟的工厂实践来增长知识、提高技能、增加自信心
	4. 教学多样性：一个合格的教师必须创造一种公平、平等及尊重差异性的学习氛围，必须要确保为所有的学生提供优质的学习机会
提高学生的学习成绩	5. 拓展专业领域知识：一个合格的教师必须促进学生进行经验上的、理念上的以及以成果为基础的专业学习，并利用所有的方法、策略和资源为学生创造一种积极参与的学习氛围，教师的教学也依据其对职业教育课程掌握程度而定
	6. 评估：一个合格的教师应该使用多种评估方法来获取学生关于其学习和发展的有用信息，以帮助学生对自己的进展进行反思，提高教学水平

续表

领域	标准
指导学生顺利进行角色的过渡，即从学生到工人和成年人的角色转变	7. 帮助学生熟悉工作环境：一个合格的教师应该培养学生的职业决策和应聘技能，并为学生创造条件去感受将来的工作文化和要求
	8. 帮助学生管理和平衡多种生活角色：一个合格的教师应该帮助学生理解竞争和责任都是工作中的一部分，并且要引导他们学会平衡其生活中的多种角色
	9. 推动社会发展：一个合格的教师要培养学生的自我意识、自信心、品质、领导力、社会及国内价值观和民族感等品质
通过专业发展和自我超越来提高教育质量	10. 进行反思式教学：一个合格的教师要经常地分析、评估及加强其教学的效率和质量，不断地进行终身学习
	11. 创建合作伙伴关系：一个合格的教师要与其同事、社会团体、商界、企业和中等后教育学校保持合作伙伴关系，为学生创造更多的学习机会，使学生更容易地从学校过渡到工作场所
	12. 贡献于教育事业：一个合格的教师应该与同事和其他更大的教育团体合作，不仅提高在学校的教学质量，还要不断地更新本领域的专业知识以提高其教学质量
	13. 加强与学生家长和社区的合作：一个合格的教师应该与学生家长和社区合作，为实现学生优质教育的共同目标而奋斗

NBPTS 所设置的标准清晰地罗列出一个合格教师应该知晓和应该做的行为，该标准主要设定了合格教师的教学应达到的最基本的专业要求。NBPTS 所设置的职业教育标准遵循以下几个原则：①本行业的基本知识必须在标准中得以体现；②要有一批经验丰富的老师来设置每个专业的标准；③专业标准既不能要求过高，也不能过于宽泛，以免有些专家也达不到合格教师的标准；④应当鼓励教师发展成为本行业专家；⑤每个专业标准针对性都应该比较强，以便可以很好地与其他专业区分开[122]。NBPTS 重视吸收不同观点和意见，这份标准文件是集思广益的成果，未来也会随着新的需求而不断更新、调整。

二、欧盟的职业教育教师专业能力标准

教师与培训师网络（teacher and trainer networking，TTnet）是欧盟职业培

训发展中心的下属机构,它分别于 2006 年、2007 年启动了"职业教育与培训专业人才试点项目"(The Defining VET Professions Spilot Project)和"职业教育与培训专业人才项目"(The Defining VET Professions Project)两个项目的研究,对 17 个成员国职业教育相关从业人员进行访谈,在此基础上,形成了《职业教育教师专业能力标准框架》(Competence Framework for VET Professions),并于 2009 年正式发布[123]。该框架已获得 21 个欧盟成员国的认可,具体标准如表 2-3 所示。

表 2-3 欧盟职业教育教师专业能力标准框架

序号	责任领域	次级责任	从事活动	必备的能力
1	管理	组织和规划	参与招收学生;参与学生选拔;记录学生成长;记录自己的活动;计划和组织课程;参与团队活动并与其他员工合作;指导新教师	了解面试技巧和招生流程;了解人力资源管理的基础理论;掌握谈判技巧并能记录学习过程;跟踪学生并记录学生的成长过程和成长方式;具备信息通信技术方面的能力;具备团队精神和人际交往技能;熟悉教师职业入门的程序
		项目管理	撰写项目申请书;建立合作关系;寻找经费来源;管理项目进度;项目经费预算和后续跟进;汇报项目成果	了解国际国内资源、形势;具备项目管理知识与技能;具备预算知识与技能;具备团队合作知识与技能;具备跨文化交际技能
2	教学	教学设计	与同事和企业合作设计课程或学习项目;分析学生的学习需求以及劳动力市场需求;将培训与政治和社会发展重点问题联系起来;规划学习活动和过程,包括结构、内容和材料;建立个人学习计划;与企业合作组织工作场所学习	了解课程目标及预期的学习结果;了解与分析学习需求的工具和资源,并知道它们在培训中的功用;了解国内、国际的教育政策;了解劳动力市场的发展情况及其与职业教育和培训的关联;了解学习理论和教学策略;具备团队合作精神和谈判技能

续表

序号	责任领域	次级责任	从事活动	必备的能力
2	教学	学习指导	管理和实施学习过程和活动；将培训与实践联系起来；指导学习；支持、激励和引导学生；处理紧急事件；创造并使用资源和素材；与家庭合作；支持和指导学生向工作本位培训和劳动力市场过渡	了解学习理论与教学理论；具备清楚、有效的表达能力；能够灵活多样地呈现学习情境；能运用恰当的学习环境，如虚拟学习社区等；了解国内、国际专业发展领域的进展；了解学习障碍和学习心理；掌握发现和鉴定学习障碍的技能；注意教育的公平与公正问题、教育的特殊需求和包容性、多元文化主义；了解课堂管理的理论和实践；具备创设安全学习环境的能力；具备人际交往的技能；了解工作世界以及自己所在领域的进展
		评估与评价	管理诊断性技能测试；与同事和企业培训师一起评价学生的学业成就；监督企业培训师；提供反馈以支持学生学习和培训师专业发展	了解评价理论、评价技术和工具；能够在全球化视野下理解培训；具备人际交往的技能
3	专业发展和质量保障	教师自我专业发展	了解专业领域的发展动态；规划自己的长期专业发展；参与在职专业发展活动	知道专业发展对自己工作的重要性；能够反思自己的实践，识别技能需求（职业技能、教学方法、教学技能、个人技能）；能够在教学中融入新的知识和研究成果；能够将学术的最新发展迁移到培训中来
		组织发展	参与有利于单位发展和机构发展的活动；在团体和项目内部开发新的组织、方法和材料；与企业合作，在车间内开展学习活动	知道学习型组织的理论；意识到组织发展方法的重要性；政府政策和行动；雇主优先性和实践；具有项目工作的技巧；管理和团队工作技巧；人际交往和跨文化意识；交流技巧
		质量保障	致力于确保机构的培训质量；参与设计质量保障工具；收集反馈意见和数据；规划改进措施；进行自我评价	了解质量保证的理论、原则、体系和工具；了解测评质量保证周期结果的目的和效用；具备规划质量保证进程的技能；能够记录和分析反馈信息；具备将反馈信息和质量保证结果应用于机构的运作及活动中的能力

续表

序号	责任领域	次级责任	从事活动	必备的能力
4	建立关系网络	内部交流	参与学校内部的交流和团队活动；通过交流和团队活动促进学校发展；在合作和团队活动中促进同伴学习	了解有效的团队活动；熟悉变革管理；能够合作开展工作，为同事提供支持；具备人际交往能力和交流技巧
		外部网络	与其他教育机构建立联系；与社会建立联系；与劳动力市场和利益相关者合作；参与国际交流合作	能够识别和找到应该保持联系的国内、国际实体；能够获悉国际网络协作的机会；了解国内、国际和欧盟的相关政策；了解如何将国际性的观点整合到课程与教学中去；了解虚拟专业社区和学习社区

欧盟的这套职业教育教师专业能力标准，充分描述了当前职业教育与培训领域的专业人才所从事的各项具体工作，以及这些工作对他们提出的能力要求。从欧盟对职业教育教师专业能力要求来看，职业教育与培训的主要渠道正由传统的职业院校向社会化办学的培训机构转变；而职业教育的内容则由知识转向技能，新的能力标准更多地强调设定学习计划、设计学习情境、提供学习指导与协助[124]。

三、澳大利亚的职业教育教师专业能力标准

"培训包"是澳大利亚职业教育的一大特色，在澳大利亚职业教育培训制度体系中，它被用来评估和证实人们在真实工作场所开展有效工作所需具备的技能和知识，它是澳大利亚注册培训机构开展职业教育与培训的依据。自从1997年澳大利亚行业培训咨询委员会开发了第一个"培训包"后，"培训包"就被广泛地使用和推广。目前，澳大利亚已经批准和公布的"培训包"已达200多个。"培训与教育培训包"（training and education training package，TAE10）在2010年5月正式发布，专门对职业教育培训部门的培训师和教师资格进行了针对性的规定，"培训包"把职业教育教师核心能力划分为7个模块[125]，如表2-4所示。

表 2-4 澳大利亚 TAE10 职业教育教师核心能力

序号	基本能力	能力标准
1	学习设计	设计和开发学习专业；运用"培训包"和认证课程满足客户需求；设计和开发学习策略；设计和开发学习资源；研究和开发能力单元；评价一个学习项目
2	培训实施	开展技能教学计划；组织和实施小组教学计划；组织和推动工作场所学习；协调和推动远程学习；监督工作场所的学习；推动网络学习；评估、实施和使用基于信息和交流技术的教育平台；与社会媒体一起运用网络教学
3	运行高级学习项目	实施改进的学习活动；检查公司网络学习系统和策略实施；设计网络学习；调查和应用信息和交流技术内容知识
4	评价	参与评价活动；计划评价活动和过程；评价能力；参与评价效度确认；提供较高级的评价活动；设计和开发评价工具；引导评价效度确认过程；开发和实施认可战略；引导和协调评价系统和服务；分析、执行和评价网络评估
5	培训咨询服务	维护培训和评价信息；承担组织培训需求分析
6	国际教育管理	为国际学生提供精神关怀服务；处理国际教育事务和问题；负责国际学生的招生和选拔；管理国际教育和培训过程；管理国际客户的膳宿；推动国际教育事项和项目；管理跨国离岸教育项目；管理国际教育财政和行政问题；运用信息提高国际教育角色形象；调查研究当前教育国际化趋势；开发国际岸上教育项目；建立跨国离岸教育事业
7	分析并将可持续发展能力应用到学习项目中	分析并将可持续性技能应用于学习项目中；找出并将当前可持续性教育的原则应用于学习项目中
8	其他	在培训和评估过程中能识别成人在语言、文字与数学方面的能力需求，并根据学生的能力水平提供相应的培训和评估

可见，澳大利亚的"培训包"是一个开放式的、灵活的、动态的、实用的职业教育专业能力评价标准，是澳大利亚职业教育领域改革成功的成果之一，对澳大利亚职业教育的发展起到了助推作用。

四、职业教育教师专业能力标准的比较研究

美国、欧盟以及澳大利亚，作为发达国家或地区性国际组织，在职业教育

教师专业标准的开发程序、内容设计等方面有很多共同之处。但由于国家与地区的情况不同，职业教育的发展路径不同，职业教育教师能力结构也存在差异。相互比较，其异同如下。

（一）美国、欧盟以及澳大利亚职业教育教师能力结构的共同之处

1. 从一线工作者进行能力分析

美国、欧盟以及澳大利亚在设定职业教育教师专业能力标准的过程中，都是通过以一线职业院校教师为研究对象，进行调查、访谈、观察等分析之后，获得一手数据信息。美国在开发职业教育教师专业能力标准的过程中，请开发委员会成员将美国国家专业教学标准委员会制定的教师核心能力具体化，并结合当前使用的教师标准，同时对教师教学过程进行调查，通过调查引起学生变化的行为来描述优秀教师的特点，其数据来源主要是一线教师；欧盟职业培训发展中心首先通过访谈一线教师，设计出一个能够详细描述职业教育教师相关活动和工作任务的清单，再返回至职业院校一线教师，以及学校管理者或相关教育机构重新予以主观筛选和确认，这样的做法使得最终推出的评定标准更客观、实用，并能为职业院校师生所普遍认可；澳大利亚的"培训包"（职业教育教师核心能力标准）是在对原有培训包中相关能力进行分析的基础上，通过比较研究、文献研究以及专家研讨补充完善而成的。

2. 体现了对教师教学能力的特别关注

上述国家与地区性国际组织所开发的职业教育教师专业能力标准，对教学能力表述基本一致，都包括教学计划、组织、实施评价与质量保障等职责，其中尤其重视教师在教学过程中教学的计划、实施以及评价三个方面的能力。

3. 非常重视教师与企业和行业建立合作伙伴关系

美国、欧盟以及澳大利亚的专业能力标准都非常重视与企业和行业建立良好的合作伙伴关系。因此可以看出，与企业和行业建立良好的合作伙伴关系这一点在国际上已经得到职业教育领域的充分认可，因为职业教育主要目标就是培养学生的职业技能，这样就要求教师必须熟悉与掌握企业的设备、技术与工艺，需要与企业、行业建立紧密的联系，不但专业课的教学内容与企业和行业工作人员的操作技能接轨，而且作为优秀教师，最好能够运用自己的知识与技术参与企业和行业培训咨询项目，甚至可以在企业和行业的技能创新中有一定的话语权。此外，职业教育要很好地应对劳动力市场需求，不但需要着眼于当

前，还要面向未来。教师要有预见职业领域发展与改变的能力，因此，职业教育教师必须要与教育机构、企业和行业建立紧密合作关系。

（二）美国、欧盟以及澳大利亚对职业教育教师能力要求存在的差异

由于各国或地区性国际组织的情况不同，教育的发展路径、教育理念与教育实践都有所不同，对职业教育教师能力结构的要求存在细微的差异。

1. 美国注重职业教育教师帮助学生进行角色转换的能力

在职业教育过程中，美国更注重评价职业教育教师在学生从学校向社会过渡过程中所做的各种具体活动和工作，教师要帮助学生熟悉工作环境，为学生创造条件，感受未来工作文化要求，帮助学生理解竞争与责任是工作的一部分，要关注学生的个性发展，引导学生平衡其生活中各种角色。除此之外，教师甚至有帮助学生了解和掌握平衡储蓄与消费的方法，以及管理自己资产与财务的任务，引领与鼓励学生主动参与社区机构、组织的活动，成为对社会有用的人。

由此可见，美国优秀职业教育教师不但关注学生劳动技能的学习，还注重学生为今后走向社会所需的各种生活与工作能力的培养，为学生从学校走到工作岗位奠定基础，这一点体现了人本主义学派的教育理论。

2. 欧盟强调职业教育教师实施与管理职业教育项目的能力

对职业教育教师实施与管理职业教育项目能力的评定是欧盟标准中的重要规定，这在其他两个国家的标准中都未涉及，欧盟提出教师参与项目管理的能力包括项目的申请、申请项目的经费管理、项目的进程以及项目成果汇报等。此外，标准还非常重视教师参与职业教育质量保障活动与能力，这与欧盟重视对职业教育的效果和质量的监管密不可分。欧洲职业培训开发中心在 1998 年发表了一份名为《ISO 9000 在教育和培训中的应用》的报告，指出在职业教育和培训过程中使用 ISO 9000 标准来监测和保障职业教育质量的可行性。2002 年，欧盟委员会和职业教育与培训部长理事会上通过的《哥本哈根宣言》中明确了要加强职业教育质量保障体系建设的要求。2007 年，欧洲职业培训开发中心在《职业教育与培训中的质量指标：致力于提升欧洲合作》中，构建了欧洲职业教育与培训质量保障框架，分为计划、实施、评估和改进 4 个阶段，10 项指标，也称为欧洲职业教育与培训质量保障"质量环"（EQAVET quality cycle）。欧洲职业培训开发中心也认为职业教育教师在质量保障框架中是质量评估的重要主体和参与者，应加强职业教育教师参与质量保障的意识与能力[126]。

3. 澳大利亚重视职业教育教师国际交流能力

由于澳大利亚在职业教育交流与合作方面比较发达，早在 1904 年就招收了第一批国际留学生，至 20 世纪 80 年代以后，澳大利亚采用在国外办分校、开放远程教育与国外合作院校联合办学等政策来开展教育贸易，至今已成为一家较大的教育输出国，因此，其教育政策影响到职业教育教师专业标准的制定，尤其重视职业教育教师拥有管理国际教育项目的能力，包括参与国际招生、调查研究当前教育国际化趋势、处理国际教育事务和管理国际教育培训过程的能力。

第二篇
实 践 篇

第三章 高职教师胜任力模型建构

第一节 研究目的

本书研究首先通过文献分析、预访谈与《高职教师胜任特征核检表》调查高职教师应具备的胜任特征；其次通过行为事件访谈法对优秀绩效教师与普遍绩效教师访谈结果进行对比分析，辨别优秀绩效教师与普遍绩效教师差异显著的胜任特征；最后通过团体焦点访谈法对行为事件访谈结果进行补充与完善，修订与完善高职教师胜任特征，构建高职教师胜任力初步模型。

第二节 研究方法与研究步骤

一、被试

（1）在行为事件访谈预研究中选取 2 名高职教师，即优秀绩效教师与普通绩效教师各 1 名。

（2）在行为事件访谈正式研究的 20 名教师中，优秀绩效教师 11 名，其余为普通绩效教师，本书研究成立了由心理学和教育学研究人员与高职高专院校人事处与教务处长组成的专家小组，由专家小组讨论与决定参加行为事件访谈的优秀绩效教师与普通绩效教师的条件，优秀绩效教师必须符合以下两个标准。

① 在全国高职高专院校任教的专业教师。

② 曾经荣获全国和省（市）级优秀教师、教学名师、优秀教育工作者、

模范教师、教育系统先进工作者、中青年骨干教师、获得省（市）级以上师德先进个人等荣誉称号的在岗教师，以及获得过全国表彰或省级以上其他表彰的高职教师。

根据本书研究提出的获得省（市）级以上奖励的标准，优秀绩效教师从高职院校的人事部门提供的候选人名单中抽取，普通绩效教师选取范围为优秀绩效教师所在院校的其他教师，受访者个人基本信息见表3-1。

本书研究采取单盲设计，即被试者事先不知道自己在哪一个被试组，其中，优秀绩效教师13名，普通绩效教师9名；从性别来看，男教师10名，女教师12名；年龄从33岁到56岁不等，平均年龄41.86岁；从地域来看，来自北京地区的7名，内蒙古地区的2名，山东地区的4名，江苏地区的6名，安徽地区的3名；从职称来看，教授6名，副教授9名，讲师7名；教龄从9年到34年不等，平均教龄21.4年；从学历来看，博士学历3人，硕士学历17人，本科学历2人；从所教授的专业来看，涵盖财经商贸、电子信息与装备制造大类，具有较好的代表性。

表3-1 受访者个人基本信息

姓名	编号	组别	性别	年龄/年	专业	地域	教龄/年	职称	学历	获得省（市）级以上荣誉称号
李某★	1	优秀	男	42	劳动管理	北京	16	教授	博士	教学名师
高某★	2	优秀	女	53	法律	北京	30	教授	硕士	教学名师
林某★	3	优秀	女	43	市场营销	内蒙古	19	教授	硕士	中青年骨干教师
刘某★	4	优秀	女	53	财务管理	内蒙古	29	副教授	硕士	优秀教师
朱某★	5	优秀	女	53	农业经济	山东	31	教授	硕士	优秀教师
薛某★	6	优秀	女	36	电子商务	山东	10	讲师	硕士	师德先进个人
王某★	7	优秀	男	38	通信技术	山东	14	副教授	硕士	中青年骨干教师

姓名	编号	组别	性别	年龄/年	专业	地域	教龄/年	职称	学历	获得省（市）级以上荣誉称号
蔡某★	8	优秀	男	42	市场营销	安徽	18	副教授	硕士	中青年骨干教师
尹某★	9	优秀	女	43	工商企业管理	安徽	14	讲师	硕士	中青年骨干教师
吴某★	10	优秀	男	43	连锁经营管理	江苏	14	教授	硕士	优秀教师
李某★	11	优秀	男	40	连锁经营管理	江苏	18	副教授	硕士	优秀教师
曹某○	12	普通	男	37	保险	北京	11	讲师	博士	
郑某○	13	普通	女	38	人力资源管理	北京	11	副教授	博士	
肖某○	14	普通	女	39	国际金融	北京	13	副教授	硕士	
阙某○	15	普通	女	38	应用电子技术	北京	14	副教授	硕士	
杨某○	16	普通	男	56	国际贸易	北京	34	教授	学士	
徐某○	17	普通	男	39	计算机系统与维护	江苏	17	讲师	硕士	
张某○	18	普通	女	35	旅游管理	江苏	11	讲师	硕士	
郑某○	19	普通	男	33	食品检测技术	江苏	9	讲师	硕士	
赵某○	20	普通	男	33	工业工程技术	安徽	9	讲师	硕士	
蔺某#	21	普通	女	47	数控技术	山东	20	副教授	本科	
刘某#	22	优秀	女	39	建筑设计	江苏	15	副教授	硕士	中青年骨干教师

注：★——优秀绩效教师；○——普通绩效教师；#——预访谈教师。

（3）《高职教师胜任特征核检表》调查样本来自北京农业职业学院、北京电子科技职业学院、北京财贸职业学院、北京工业职业学院 4 所院校的高职教师，共计发放样本 200 份，回收 197 份，回收率 98.5%。

（4）参加团体焦点访谈的 5 名专家，其研究领域与基本信息如表 3-2 所示。

表 3-2　参加团体焦点访谈专家的研究领域基本信息

姓名	编号	性别	年龄/岁	研究领域	职称	职务
吴某	1	男	57	高等职业教育	教授	某师范大学教育学院副院长
王某	2	男	51	高等职业教育	研究员	某教科院职业教育研究所副所长
林某	3	男	34	职业教育	副研究员	某区教委副主任
高某	4	女	45	高等职业教育	教授	某高职示范校教务处长
何某	5	女	40	高等职业教育	副教授	某高职示范校系教学副主任

二、研究工具

录音机、数字录音笔、《高职教师个案访谈协议》（附录 A）、《高职教师个案访谈纲要》（附录 B）、《高职教师胜任特征编码词典》（附录 C）（该词典参考 Spancer 编写的 *Competence at Work Models for Superior Performance*[29]25-109 以及罗双平编著的《从岗位胜任到绩效卓越——能力模型建立操作实务》中的胜任力编码词典[127]）、《高职教师胜任特征核检表》（附录 E）、《团体焦点访谈提纲》（附录 F）、ATLAS.ti 6 软件、SPSS 20.0 软件。

三、研究方法

行为事件访谈法与团体焦点访谈法。

四、研究步骤

1. 预研究

其主要目的是研究小组成员通过预研究，练习并掌握行为事件访谈法，包括如何进行访谈，在访谈中各种突发事件如何处理，访谈录音记录文本（以下简称"访谈文本"）如何进行编码等，并根据研究对象——高职教师的访谈结果，对《高职教师胜任特征编码词典》的各种行为指标进行补充与完善，研究小组成员通过练习，能够从高职教师访谈文本数据中准确分析出各种胜任特征行为指标，或者发现新的行为指标，根据事先确定的取样标准，选择 2 名教师依据《高职教师个案访谈纲要》进行访谈。2 名教师中一位是优秀绩效教师，一位是普通绩效教师，访谈结束后整理出访谈文本，研究小组首先尝试对一份访谈文本进行编码，之后一起讨论，在补充编码词典的同时，争取对该访谈文本达成一致意见。

2. 实施正式访谈

对选取的每位被访者事先都进行电话预约，协商被访者方便的时间以及地点，使每位被访者都可以在其自己感觉方便的时间与地点进行访谈，在正式访谈前将研究目的告知被访者，并询问他们是否可以对访谈进行录音。如果可以，签署《高职教师个案访谈协议》或口头授权，有 2 名教师因为工作繁忙而被替换，在访谈过程中，根据《高职教师个案访谈纲要》，要求被访教师分别描述自己在从事教学工作中所发生的 3 件成功和 3 件失败的事例，事例包括：为什么会发生这件事例？事例还涉及哪些人？所涉及的人表现出什么样的行为？说了什么话？在事例中被访者是如何做的？是怎么思考的？感受如何？结果如何？在访谈过程中，主持人根据被访者的描述，尽可能细致地询问各种探测性的问题，引导被访者做深层次的回答，使被访者能够回忆当时的情景、对话、行动与感受，每位被访者的访谈时间控制在 90 min 左右，访谈在征得所有被访者同意并签署协议的基础上全程录音。访谈录音最短 42 min，最长 123 min，平均52 min。

3. 访谈录音文本转录

由北京财贸职业学院文秘专业的专业速录教师带领学生认真完成转录工作，学生转录完之后，由专业教师亲自把关，保证了转录的质量，最后由研究者对照检查访谈文本，并打印文本，共计整理 22 份访谈文本，22.58 万字。

4. 基于访谈文本进行胜任特征编码

由 2 名研究水平较高的研究人员组成编码小组，通过认真阅读访谈文本，对访谈文本中的关键行为事件进行主题分析，以提炼基本主题，并根据前期访谈形成的《高职教师胜任特征编码词典》，使用 ATLAS.ti 6 软件对访谈文本进行归类与编码,研究人员在编码时要记录每个胜任特征出现在文本中的位置(包括页码与行号)、胜任特征代码及其强度等级,并更进一步补充与完善《高职教师胜任特征编码词典》。最后,2 名研究者再次通读文本,核查每个编码,对编码的正确性进行最后的修正与确定,从而完成胜任特征编码工作。

5. 数据处理

统计每个访谈文本的访谈时间、访谈文本字数、每个胜任特征在不同等级出现的次数。在此基础上,统计每个胜任特征发生的总频次、平均等级分数与最高等级分数。这里特别要强调等级的概念与计算方法。杨善竑指出,等级指某一胜任特征在该胜任特征最小可觉差(just-noticeable difference,JND)量表中的大小值,它表示某个行为表现的强度或复杂程度[128]。比如,根据《高职教师胜任特征编码词典》,某一被试者在"校企合作能力"分量表上的具体行为表现为:等级 1 出现 4 次,等级 2 出现 3 次,等级 3 出现 0 次,等级 4 出现 4 次,这一胜任特征发生的总频次为 11(4+3+0+4),平均等级分数为 2.36 [(1×4+2×3+3×0+4×4)/11],最高等级分数为 16(4×4)。之后对频次、平均等级分数和最高等级分数三个指标进行验证。比较优秀组与普通组教师的每个胜任特征之间的差异,总结出优秀绩效教师的胜任特征,以及统计《高职教师胜任特征核检表》,统计数据使用统计软件 SPSS 20.0 处理。

6. 界定团体焦点访谈的研究问题

在行为事件访谈法研究的基础上分析高职教师胜任特征是什么?其胜任力模型由几个要素组成?具体的胜任力项目包括什么?

7. 选择参与团体焦点访谈的专家

本次参与团体焦点访谈的专家,都是研究职业教育领域的专家,有大学教授,有教科院研究员,也有主管职业教育的教委副主任,年龄从 34 岁到 57 岁不等,由 3 男 2 女组成,充分考虑到专家的年龄、性别、工作性质和研究方向。

8. 实施团体焦点访谈

为体现平等,鼓励各位专家自由陈述自己的意见,主持人与记录者同专家围坐在一个圆形会议桌旁进行访谈,主持人首先对研究项目进行简介,并将行为事件访谈法的研究结果以及本访谈的目的详细向专家阐述,之后根据《团体焦点访谈提纲》,鼓励专家深入讨论,最后请每位专家总结自身的观点。

9. 建立高职教师胜任力初步模型

根据行为事件访谈结果分析,结合参与团体焦点访谈专家的讨论结果,总结出高职教师优秀胜任特征与共有胜任特征,并提出高职教师胜任力初步模型,最后,整理并完善访谈文本中高职教师优秀组与普通组的关键行为,以及每个维度的描述性说明,形成最终的《高职教师胜任特征编码辞典》。

第三节 结果分析

一、访谈文本字数与访谈时间分析

表 3-3 是独立样本 t 检验结果,结果显示:优秀组教师访谈文本的平均字数为 11 361 字,普通组教师访谈文本的平均字数为 8 951 字。独立样本 t 检验结果显示,两组教师在访谈文本字数上的差异未达到统计上的显著性水平($p=0.252>0.05$);优秀组教师访谈的平均时间为 3 216 s,普通组教师访谈的平均时间为 2 967 s,独立样本 t 检验结果显示,两组教师在访谈时间上的差异未达到统计上的显著性水平($p=0.550>0.05$)。这两组教师样本在访谈时间和访谈文本字数上的差异都在可接受范围之内。

表 3-3　两组访谈长度独立样本 t 检验结果

访谈项目	优秀组		普通组		t	df	p
	MEAN	S.D.	MEAN	S.D.			
访谈字数/字	11 361	4 255	8 951	4 858	1.183	18	0.252
访谈时间/s	3 216	628	2 967	1 024	0.611	15	0.550

本书研究中用于描述胜任特征的指标包括胜任特征出现的频次、胜任特征的平均等级分数和胜任特征的最高等级分数。为判断哪个胜任特征指标更具稳定性,首先分析胜任特征指标与访谈长度的相关性。胜任特征指标越独立于访谈长度,则表明该胜任特征指标越稳定。

表 3-4 表示各项胜任特征出现的频次、胜任特征的平均等级分数、胜任特征的最高等级分数与访谈长度之间的相关系数及其显著性。从访谈文本字数与胜任特征出现的频次的相关程度来看,在教学设计能力、灵活性、实践能力、

学习能力、专业技术应用能力、专业建设能力 6 个胜任特征上，访谈长度与频次存在一定程度的相关，并且它们之间的相关性达到了统计上的显著性水平；各项胜任特征的平均等级分数与访谈长度的相关性均不显著；从访谈文本字数与最高等级分数的相关性来看，概念式思考和灵活性这两个胜任特征存在显著相关。

表3-4 胜任特征出现的频次、平均等级分数、最高等级分数与访谈长度的相关系数表

胜任特征	与频次的相关系数	与平均等级分数的相关系数	与最高等级分数的相关系数
案例教学能力	0.114	0.166	0.053
成就导向	0.401	−0.457	0.037
诚信	−0.084	0.976	0.007
创新能力	0.044	0.098	0.012
大赛指导能力	0.143	−0.207	−0.198
分析式思考	0.165	0.036	0.221
概念式思考	0.208	0.738	0.452*
工学结合能力	0.050	−0.306	0.034
沟通能力	0.202	0.123	0.202
关系建立	0.103	0.068	0.066
教材编写能力	−0.155	0.131	0.010
教学设计能力	0.606**	−0.045	0.200
学生管理能力	−0.159	−0.119	−0.187
科研能力	0.118	−0.202	−0.037
课堂管理能力	0.145	−0.467	−0.315
课堂教学能力	0.161	0.347	0.168
语言表达能力	0.046	−0.219	−0.287
灵活性	0.634**	0.174	0.547*
培养他人能力	0.068	−0.430	0.072
爱岗敬业	0.296	−0.498	0.272

续表

胜任特征	与频次的相关系数	与平均等级分数的相关系数	与最高等级分数的相关系数
社会服务能力	−0.337	−0.349	−0.253
实践能力	0.452**	0.111	0.261
书面表达能力	0.171	0.142	0.051
团队合作能力	−0.158	−0.117	−0.186
调查研究能力	0.251	0.149	0.356
团队领导能力	−0.366	0.429	0.007
项目教学能力	0.004	−0.108	−0.107
校企合作能力	0.124	0.207	0.115
信息技术应用能力	−0.063	0.477	0.350
考核评价能力	−0.018	−0.102	−0.006
学生专业发展指导能力	−0.054	0.141	−0.355
学习能力	0.465*	−0.310	0.303
引领激励能力	−0.221	−0.189	−0.148
责任心	−0.195	−0.059	−0.087
重视次序、品质与精确	0.032	−0.233	−0.130
主动性	0.009	0.118	0.119
专业技术应用能力	−0.449*	0.428	−0.036
专业建设能力	−0.506*	−0.216	−0.422
专业知识	0.282	0.082	0.163
资讯收集能力	0.416	0.526	0.249
自信心	−0.285	−0.264	−0.105
职业生涯规划能力	0.055	−0.041	0.037

注：*表示在 0.05 水平上有统计学意义；**表示在 0.01 水平上有统计学意义。

由表 3−4 的数据分析结果可知，三个胜任特征指标相对来说，胜任特征的平均等级分数更加独立于访谈长度，即胜任特征的平均等级分数这个指标相对稳定，最适合作为描述胜任特征的指标，其次是最高等级分数，频次相对而言最不稳定。这个结果与时勘[128]43和杨善竑研究所发现的结果相同："三个胜任特征指标相比较，平均等级分数相对更加稳定，是更适合描述胜任特征的指标。"[129]

在上面对访谈长度的分析中，共有 6 项胜任特征出现的频次与访谈长度显著相关。相对而言，频次这一衡量胜任特征的指标不够稳定，为更进一步说明频次在对胜任特征的衡量中作用的大小，下面将比较普通组高职教师和优秀组高职教师在频次这一胜任特征指标上的差异。不同绩效组胜任特征出现频次比较分析如表 3-5 所示。

表 3-5　不同绩效组胜任特征出现频次比较分析

胜任特征	优秀组		普通组		t	df	p
	均值	标准差	均值	标准差			
案例教学能力	0.83	1.40	1.67	1.58	-1.276	19.000	0.217
成就导向	1.92	1.83	1.00	1.32	1.270	19.000	0.219
创新能力	0.08	0.29	0.33	0.71	-1.000	10.011	0.341
大赛指导能力	0.25	0.62	0.78	1.09	-1.404	19.000	0.176
概念式思考	0.92	1.62	0.33	0.71	1.005	19.000	0.328
工学结合能力	1.42	1.08	1.44	1.01	-0.06	19.000	0.953
沟通能力	2.33	2.06	1.11	0.93	1.824	16.135	0.087
关系建立	0.42	0.67	0.00	0.00	2.159	11.000	0.054
教学设计能力	1.50	1.98	0.56	0.73	1.523	14.663	0.149
学生管理能力	1.00	1.35	0.67	0.87	0.688	18.664	0.500
科研能力	0.58	0.67	0.89	0.78	-0.965	19.000	0.347
课堂管理能力	1.17	1.40	0.56	0.88	1.144	19.000	0.267
课堂教学能力	0.75	1.76	1.44	1.24	-1.007	19.000	0.327
语言表达能力	0.00	0.00	0.22	0.44	-1.512	8.000	0.169
灵活性	1.17	1.47	1.00	1.32	0.268	19.000	0.791
培养他人能力	0.50	0.90	0.33	0.71	0.457	19.000	0.653

续表

胜任特征	优秀组		普通组		t	df	p
	均值	标准差	均值	标准差			
爱岗敬业	0.17	0.39	0.22	0.44	−0.306	19.000	0.763
实践能力	1.75	1.48	1.33	1.22	0.684	19.000	0.502
调查研究能力	1.00	0.95	0.78	1.09	0.497	19.000	0.625
团队领导能力	0.33	0.65	0.56	1.13	−0.569	19.000	0.576
项目教学能力	1.33	1.67	1.11	1.45	0.319	19.000	0.754
校企合作能力	1.00	1.04	0.11	0.33	2.766	13.840	0.105
信息技术应用能力	0.33	0.89	0.56	1.01	−0.535	19.000	0.599
考核评价能力	0.50	0.80	0.33	0.50	0.549	19.000	0.589
学生专业发展指导能力	0.67	1.50	0.33	0.71	0.615	19.000	0.546
学习能力	1.25	1.42	1.00	1.00	0.449	19.000	0.658
引领激励能力	0.08	0.29	0.22	0.44	−0.873	19.000	0.393
责任心	2.00	1.71	0.89	0.93	1.761	19.000	0.094
重视次序、品质和精确	1.42	1.16	0.67	1.00	1.549	19.000	0.138
主动性	0.50	0.67	0.33	0.71	0.549	19.000	0.589
专业技术应用能力	0.08	0.29	0.22	0.44	−0.873	19.000	0.393
专业建设能力	0.08	0.29	0.56	0.73	−1.844	9.906	0.095
专业知识	0.83	0.72	1.11	1.36	−0.606	19.000	0.552
资讯收集能力	1.08	1.56	0.56	0.73	1.030	16.374	0.318
自信心	0.08	0.29	0.11	0.33	−0.204	19.000	0.840
职业生涯规划能力	0.25	0.45	0.44	1.01	−0.594	19.000	0.560

表3-5所示为对优秀组与普通组高职教师在各项胜任特征出现的频次进行独立样本 t 检验结果。由数据分析，就胜任特征出现的频次来说，普通组和优秀组在不同胜任特征出现的频次上均不存在显著差异（$p>0.05$），表明使用胜

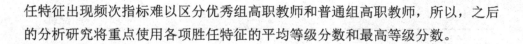

任特征出现频次指标难以区分优秀组高职教师和普通组高职教师，所以，之后的分析研究将重点使用各项胜任特征的平均等级分数和最高等级分数。

二、评分者编码信度分析

为保证对访谈材料进行编码的可信性，本次访谈编码由两位评分者根据《高职教师胜任特征编码词典》独立进行编码，两位评分者之间编码的一致性程度即为评分者编码信度。本书研究通过归类一致性及编码一致性系数、相关系数、中位数检验、G 系数与 ϕ 系数 4 个方面来考量编码信度。

（一）归类一致性及编码一致性系数

这部分通过归类一致性系数（CA）和编码一致性系数（R）两个指标来考察两位评分者编码的一致程度。归类一致性系数的计算公式为：$CA=2S/(T_1+T_2)$，公式中 S 表示评分者编码归类相同的个数，T_1、T_2 分别表示两位评分者的编码个数；编码一致性系数的计算公式为：$R=n\times$ 平均相互同意度/ [$1+(n-1)\times$ 平均相互同意度]，其中相互同意度$=2M/(N_1+N_2)$，M 为两者完全相同的类别数，N_1 为第一位评分者的编码总数，N_2 为第二位评分者的编码总数[129]。由这两个公式计算出的两位评分者对 20 位被访者归类一致性和编码一致性系数的结果如表 3-6 所示。

表 3-6　两位评分者对 20 位被访者编码的归类一致性和编码一致性系数的结果

被访者编号	T_1	T_2	S	CA	R
1	54	36	22	0.489	0.657
2	78	35	26	0.460	0.630
3	21	23	10	0.455	0.625
4	23	23	11	0.478	0.647
5	29	24	9	0.340	0.507
6	33	34	16	0.478	0.646
7	15	17	5	0.313	0.476
8	21	32	15	0.566	0.723

续表

被访者编号	T_1	T_2	S	CA	R
9	29	16	10	0.444	0.615
10	13	15	8	0.571	0.727
11	29	33	19	0.613	0.760
12	20	21	10	0.488	0.656
13	44	19	16	0.508	0.674
14	20	23	14	0.651	0.789
15	53	32	25	0.588	0.741
16	23	14	10	0.541	0.702
17	54	41	28	0.589	0.742
18	45	37	19	0.463	0.633
19	36	35	21	0.592	0.743
20	52	45	31	0.639	0.780
全体被试	692	555	325	0.521	0.685

从上表可以看出，归类一致性系数均位于 0.4 到 0.7 范围内，总的归类一致性系数是 0.521；编码一致性系数均位于 0.5 到 0.8 范围内，总的编码一致性系数为 0.685。总体来看，两位评分者的编码存在中等偏高程度的相关，符合研究要求。

（二）相关系数

不同评分者之间在胜任特征频次、平均等级分数和最高等级分数方面的相关系数也是衡量评分者信度的重要指标，其分析结果可以用于更进一步考察两位评分者之间的一致性，表 3-7 显示在胜任特征的频次方面，共 15 个胜任特征在两位评分者之间的编码频次显著相关；在平均等级分数方面，共 7 个胜任特征在两位评分者之间的编码频次显著相关；在最高等级分数方面，共 18 个胜任特征在两位评分者之间的编码频次显著相关。结果表明两位评分者之间的编码一致性较好。

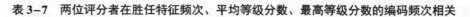

表3-7　两位评分者在胜任特征频次、平均等级分数、最高等级分数的编码频次相关

胜任特征	频次相关	平均等级分数相关	最高等级分数相关
案例教学能力	0.582**	0.238	0.045**
成就导向	0.609**	0.767**	0.767**
诚信	0.235	0.312	0.223
创新能力	0.446*	−0.233	0.657**
大赛指导能力	0.770**	0.564**	0.688**
分析式思考	−0.215	0.131	0.154
概念式思考	0.198	−0.094	0.473*
工学结合能力	0.181	0.392	0.150
沟通能力	0.428	0.302	0.896**
关系建立	0.688**	0.328	0.716**
教材编写能力	0.375	0.269	0.327
教学设计能力	0.022	0.322	−0.214
学生管理能力	0.575**	0.191	0.832**
科研能力	0.449*	0.633**	0.397
课堂管理能力	0.217	0.428	−0.111
课堂教学能力	0.144	0.151	0.202
语言表达能力	0.444	0.500*	0.695**
灵活性	0.486*	0.192	0.480*
培养他人能力	0.310	0.148	0.312
爱岗敬业	0.189	0.471*	0.732**
社会服务能力	0.311	0.237	0.158
实践能力	0.362	0.400	0.350
书面表达能力	0.114	0.373	0.241
调查研究能力	0.513*	0.508*	0.691**
团队合作能力	−0.076	0.194	0.356

续表

胜任特征	频次相关	平均等级分数相关	最高等级分数相关
团队领导能力	0.149	0.353	−0.076
项目教学能力	0.185	0.153	0.646**
校企合作能力	0.451*	0.381	0.617**
信息技术应用能力	0.456*	0.283	0.546*
考核评价能力	0.09	0.025	0.418
学生专业发展指导能力	0.381	−0.064	−0.135
学习能力	0.589**	0.148	0.757**
引领激励能力	−0.013	0.085	0.057
责任心	0.503*	−0.165	0.201
重视次序、品质与精确	0.355	−0.220	0.035
主动性	−0.240	0.218	−0.115
专业技术应用能力	−0.096	0.112	−0.081
专业建设能力	0.171	−0.048	0.199
专业知识	0.575**	0.554*	0.654**
资讯收集能力	0.345	0.075	0.460*
自信心	0.269	0.320	0.890**
职业生涯规划能力	0.525*	0.245	−0.096

注：*表示在 0.05 水平上有统计学意义；**表示在 0.01 上有统计学意义。

（三）中位数检验——Kappa 一致性检验

将各项胜任特征得分进行加总后，从总分的角度分析两位评分者编码的一致性程度，中位数检验包括评分者对普通组和优秀组的区分能力以及 Kappa 一致性检验，Kappa 一致性检验的目的是看两位评分者从总体上区分优秀组与普通组高职教师的结果是否一致。通过中位数检验能够反映两位评分者区分普通组与优秀组高职教师的能力，以及两位评分者编码的一致性。普通组和优秀组高职教师胜任力得分与中位数的比较如表 3—8 所示。

表 3-8　普通组和优秀组高职教师胜任力得分与中位数的比较

被试代码	组别	综合得分	是否高于中位数
1	优秀组	0.487	是
2	优秀组	0.530	是
3	普通组	−0.115	否
4	普通组	−1.225	否
5	普通组	−0.253	否
6	普通组	−0.385	否
7	优秀组	0.327	是
8	优秀组	0.432	是
9	普通组	−0.907	否
10	普通组	−0.106	否
11	普通组	−1.500	否
12	普通组	−0.097	是
13	优秀组	−0.412	否
14	优秀组	0.601	是
15	普通组	−0.276	否
16	优秀组	0.261	是
17	优秀组	−0.323	否
18	优秀组	0.300	是
19	优秀组	1.628	是
20	优秀组	1.033	是

　　表 3-8 结果表明，将平均等级分数与最高等级分数标准化后的得分取平均值得到每个被试者的综合得分，然后将每个被试者的综合得分与所有被试者的综合得分的中位数比较可知，普通组有 8 位教师的总分低于中位数，1位教师的总分高于中位数；优秀组有 2 位教师的总分低于中位数，9 位教师的总分高于中位数。由此可见，两位评分者的评分可有效区分普通组和优秀组高职教师。

表 3-9 所示是为比较两位评分者之间的一致性而进行的 Kappa 一致性检验的结果，Kappa 一致性检验结果显示：Kappa=0.8，$p<0.001$，当 Kappa 值大于 0.75 时两个评分者的一致性较好。由此可见，在本研究中，两位评分者对行为事件访谈材料的编码一致性较好，达到了统计上的显著性。

表 3-9 两位评分者的 Kappa 一致性检验结果

		值	渐进标准误差	近似值	近似值 Sig.
一致性度量	Kappa	0.8	0.134	3.578	<0.001

（四）G 系数与 φ 系数

为了更全面地考查对高职教师胜任特征评价的信度，这里进一步计算概化理论中的信度指标。概化理论是 20 世纪 70 年代诞生的一种测验理论，这种理论认为，测量模型不能简单地用观测分与真分数之间相差一个随机误差来表述，而应把测量侧面、测量目标以及测量目标与测量侧面或测量侧面与测量侧面之间的交互效应全部考虑进去[130]。

本书研究采用随机双面交叉设计（$P \cdot I \cdot R$），P 表示被访者侧面样本容量（20 位被访者），I 表示胜任特征项目侧面样本容量（42 个胜任特征），R 表示评分者侧面样本容量（两位评分者）。首先进行 G 研究，考查不同侧面对总体方差的影响。这部分数据使用平均分数，用 SPSS 软件中的 UNIANOVA 命令计算如下：

```
UNIANOVA
SCOREBYPERSONITEMRATER
/METHOD=SSTYPE (3)
/INTERCEPT=INCLUDE
/EMMEANS=TABLES (PERSON)
/EMMEANS=TABLES (ITEM)
/EMMEANS=TABLES (RATER)
/EMMEANS=TABLES (OVERALL)
/CRITERIA=ALPHA (.05)
/DESIGN=PERSONITEMRATERITEM*PERSON
    RATER*PERSONITEM*RATERPERSON*ITEM*RATER.
```

分析结果如表3-10所示。

表3-10　$P \cdot I \cdot R$设计胜任特征编码的G研究方差分量估计

方差来源	df	SS	MS	方差分量估计值	占总方差分量估计值的比例/%
被访者（P）	19	42.877	2.257	0.019	5.17
胜任特征项目（I）	41	33.033	0.806	0.010	2.77
评分者（R）	1	0.205	0.205	0.000	0.00
$P \cdot I$	386	160.801	0.417	0.098	26.76
$P \cdot R$	19	8.944	0.471	0.006	1.63
$I \cdot R$	34	6.938	0.204	0.013	3.41
$P \cdot I \cdot R$	149	32.894	0.221	0.221	60.34

　　由表3-10数据可知，评分者方差分量估计值最小，接近于 0，说明两位评分者的编码评分是客观独立的；被访者与评分者之间的交互效应（$P \cdot R$）的方差分量估计值为0.006，数值很小，说明评分者在编码时，确实做到了盲评，即不知道被试者属于哪个组；胜任特征项目的方差分量估计值为0.010，说明在编码词典中设计的胜任特征项目区分度比较好；胜任特征项目与评分者的交互效应（$I \cdot R$）方差分量估计值为0.013，说明两位评分者对胜任特征项目的理解与把握比较一致。被访者、胜任特征项目、评分者的交互作用效应（$P \cdot I \cdot R$）的方差分量估计值占总方差分量估计值的比例高达60.34%，说明评分者对胜任特征项目的理解、编码、胜任特征项目在不同被访者之间的差异对最后的分数影响最大。

　　为了更进一步了解不同情况下评分者的一致性，在 G 研究的基础上进行 D 研究，估计不同数量的胜任特征项目、不同样本容量的评分者对胜任特征编码信度的影响，这项指标主要由 G 系数和 ϕ 系数来反映。表3-11是评分者侧面样本容量分别为1、2时，胜任特征项目侧面样本容量随机变化时的 G 系数和 ϕ 系数。

表 3-11　*P·I·R* 设计 D 研究的概化系数和可靠性指标

胜任特征项目侧面样本容量	评分者侧面样本容量（R=1）		评分者侧面样本容量（R=2）	
	G 系数	*ϕ* 系数	*G* 系数	*ϕ* 系数
2	0.103	0.097	0.150	0.141
4	0.181	0.172	0.256	0.243
6	0.243	0.232	0.334	0.320
8	0.292	0.281	0.395	0.380
10	0.333	0.322	0.443	0.428
12	0.368	0.357	0.482	0.467
14	0.397	0.386	0.514	0.500
16	0.422	0.412	0.542	0.529
18	0.444	0.434	0.565	0.553
20	0.464	0.454	0.585	0.574
22	0.481	0.472	0.603	0.592
24	0.496	0.488	0.619	0.608
26	0.510	0.502	0.633	0.623
28	0.522	0.515	0.645	0.635
30	0.533	0.526	0.656	0.647
32	0.543	0.537	0.666	0.658
33	0.548	0.542	0.671	0.662
34	0.552	0.547	0.675	0.667
36	0.561	0.556	0.683	0.676
38	0.569	0.564	0.691	0.684
40	0.576	0.571	0.698	0.691
42	0.583	0.579	0.704	0.698

　　从表 3-11 中的数据可知，当有两位评分者，42 项胜任特征项目的 *G* 系数为 0.704，*ϕ* 系数为 0.698 时，说明在胜任特征编码过程中，两个评分者之间的一致性是比较好的。由表 3-11 还可以推论，当评分者侧面样本容量或胜任特征项目侧面样本容量增大时，*G* 系数和 *ϕ* 系数都呈现增大趋势，如图 3-1 所示。

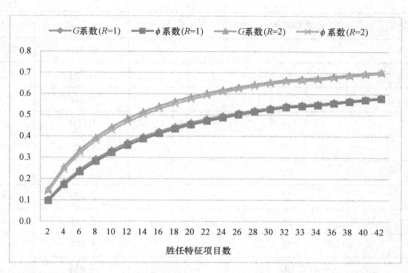

图 3-1 G 系数和 ϕ 系数与评分者和胜任特征样本容量之间的关系

以上 D 研究均是随机胜任特征项目侧面的 G 研究问题，除此之外，还可以固定某个侧面而只针对另一个侧面的变化进行估计，当研究的推广面并不需要太广时，可以固定某个侧面而只针对另一个侧面的变化进行估计[130]123。本书研究接下来进一步分别就固定胜任特征项目侧面、评分者侧面进行有固定侧面的 D 研究。结果如表 3-12 所示。

表 3-12 $P\cdot I\cdot R$ 设计不同固定胜任特征项目侧面时的 D 研究结果

胜任特征为固定侧面时评分者样本容量	G 系数	ϕ 系数
1	0.611	0.601
2	0.728	0.718
编码评分者为固定侧面时胜任特征项目样本容量	G 系数	ϕ 系数
2	0.170	0.160
4	0.284	0.270
6	0.367	0.351
8	0.430	0.413
10	0.479	0.462

续表

编码评分者为固定侧面时胜任特征项目样本容量	G 系数	ϕ 系数
12	0.518	0.502
14	0.551	0.535
16	0.578	0.563
18	0.601	0.586
20	0.620	0.606
22	0.638	0.624
24	0.653	0.640
26	0.666	0.653
28	0.678	0.666
30	0.688	0.677
32	0.698	0.686
34	0.706	0.695
36	0.714	0.704
38	0.721	0.711
40	0.728	0.718
42	0.734	0.724

结合完全随机和某一侧面固定时的 D 研究结果可以发现，虽然随着某个侧面样本量的增大，G 系数和 ϕ 系数都会增加，但其增加呈现先快后慢的趋势，因此胜任特征项目数在多到一定程度后没有必要再为提高信度而无限制增加，所以在本书研究中使用 42 项胜任特征项目是较为合理的。上面使用概化理论对胜任特征项目两位评分者的评价信度进行了多方面考查，结果表明这一方法及其相关指标是可靠的。

三、差异检验

为判断哪些高职教师胜任特征能够有效地区分优秀组与普通组高职教师，本书研究就两组教师的平均等级分数和最高等级分数分别进行独立样本 t 检验。

（一）平均等级分数差异检验

这里用于比较优秀组高职教师与普通组高职教师在每个胜任特征平均等级分数上的差异数据由两个评分者的编码数据合成，合成方法借鉴了徐建平的研究方法[56]37。首先，计算两个评分者在某一胜任特征上编码得分的平均数；其次，将该分数标准化，转换成 Z 分数；最后，用 $S=3+2Z/3$ 转换成取值范围为 1～5 的五等级量表分数。在此基础上，对两组教师数据进行独立样本 t 检验，看两者之间的差异是否达到统计上的显著性。

表 3-13 显示的是不同绩效组胜任特征平均等级分数的差异的比较结果，优秀组和普通组高职教师在成就导向、工学结合能力、沟通能力、课堂教学能力、灵活性、校企合作能力、考核评价能力、学生专业发展指导能力、责任心等 9 项胜任特征平均等级分数上存在显著差异。

表 3-13 不同绩效组胜任特征平均等级分数差异比较

胜任特征	优秀组		普通组		t	df	p
	均值	标准差	均值	标准差			
案例教学能力	3.11	0.44	2.90	0.84	0.625	15	0.541
成就导向	3.31	0.46	2.45	0.65	2.899	12	0.013*
诚信	3.38	0.56	2.23	0.39	0.968	8	0.118
创新能力	3.25	0.83	2.75	0.42	1.072	6	0.325
大赛指导能力	3.59	0.97	2.70	0.73	1.623	4	0.180
分析式思考	3.07	0.69	2.52	0.59	0.750	6	0.482
概念式思考	3.13	0.67	2.78	0.70	0.825	9	0.430
工学结合能力	3.31	0.41	2.61	0.74	2.580	16	0.020*
沟通能力	3.38	0.43	2.53	0.62	3.412	16	0.004**
关系建立	3.19	0.46	2.69	0.95	1.029	6	0.343
教材编写能力	2.55	1.05	3.30	0.97	−1.342	3	0.272
教学设计能力	3.11	0.53	2.86	0.82	0.837	18	0.413
学生管理能力	3.29	0.56	2.67	0.66	1.980	13	0.069

续表

胜任特征	优秀组		普通组		t	df	p
	均值	标准差	均值	标准差			
科研能力	3.22	0.44	2.75	0.83	1.314	11	0.215
课堂管理能力	3.13	0.42	2.71	1.13	0.906	8	0.391
课堂教学能力	3.41	0.59	2.59	0.48	3.206	16	0.006**
语言表达能力	3.15	0.60	0.22	0.44	−1.512	8	0.169
灵活性	3.38	0.09	2.54	0.79	2.626	9	0.028*
培养他人能力	3.17	0.33	2.65	1.06	1.318	10	0.217
爱岗敬业	3.12	0.59	2.64	1.02	0.866	6	0.420
社会服务能力	2.62	0.82	3.38	0.27	−1.265	2	0.333
实践能力	3.17	0.72	2.83	0.61	1.056	16	0.307
书面表达能力	3.36	0.89	3.14	0.77	0.978	10	0.152
调查研究能力	3.08	0.74	2.84	0.55	0.551	10	0.594
团队合作能力	3.00	0.67	2.96	0.65	0.187	7	0.852
团队领导能力	3.20	0.62	2.61	0.78	1.019	4	0.366
项目教学能力	3.12	0.50	2.83	0.86	0.893	15	0.386
校企合作能力	3.33	0.68	2.54	0.28	2.392	10	0.038*
信息技术应用能力	2.93	0.40	3.05	0.88	−0.209	5	0.843
考核评价能力	3.28	0.45	2.37	0.68	2.895	11	0.015*
学生专业发展指导能力	3.36	0.53	2.50	0.52	2.803	10	0.019*
学习能力	3.17	0.58	2.77	0.76	1.132	12	0.280
引领激励能力	2.96	0.82	3.06	0.40	−0.254	11	0.804
责任心	3.31	0.51	2.51	0.61	3.038	16	0.008**
重视次序、品质与精确	3.23	0.55	2.64	0.74	1.658	11	0.126
主动性	3.23	0.65	2.72	0.65	1.171	7	0.280
专业技术应用能力	3.01	0.82	3.01	0.82	0.490	11	0.645

续表

胜任特征	优秀组		普通组		t	df	p
	均值	标准差	均值	标准差			
专业建设能力	3.25	0.62	2.75	0.67	1.222	8	0.257
专业知识	3.16	0.45	2.81	0.86	0.947	11	0.364
资讯收集能力	3.08	0.32	2.90	0.96	0.470	11	0.647
自信心	3.64	0.47	2.58	0.46	3.098	3	0.053
职业生涯规划能力	3.29	0.79	2.61	0.55	1.464	5	0.203

注：*表示在 0.05 水平上有统计学意义；**表示在 0.01 水平上有统计学意义。

（二）最高等级分数差异比较

从前面对访谈长度与最高等级分数相关分析的结果可知，用最高等级分数反映高职教师各项胜任特征的水平上也具有一定意义。与不同组之间平均等级分数的差异比较类似，将每个胜任特征最高等级分数进行标准化转换（转换为 Z 分数，再用 $S=3+2Z/3$ 转换成取值范围为 1~5 的五等级量表分数），然后比较优秀组与普通组被试高职教师的每项胜任特征的标准化分数，检验其差异的显著性，独立样本 t 检验结果见表 3-14，结果表明，优秀组和普通组高职教师在学生专业发展指导能力和责任心两个胜任特征上存在显著差异。结合平均分可以看出，优秀绩效教师在这两项胜任特征上的得分显著高于普通绩效教师，而学生专业发展指导能力与责任心两项胜任特征也包含在平均等级分数所发现的 9 个有显著差异的胜任特征中，说明最高等级分数与平均等级分数结果较为一致。

表 3-14 不同绩效组胜任特征最高等级分数差异比较

胜任特征	优秀组		普通组		t	df	p
	均值	标准差	均值	标准差			
案例教学能力	2.99	0.86	3.01	0.36	−0.077	18	0.939
成就导向	3.00	0.67	2.68	0.56	0.198	5	0.089
诚信	3.25	0.58	3.10	0.47	0.086	6	0.297

续表

胜任特征	优秀组		普通组		t	df	p
	均值	标准差	均值	标准差			
创新能力	3.39	1.09	2.76	0.35	1.000	2	0.423
六赛指导能力	2.53	0.52	3.47	0.96	−1.895	5	0.077
分析式思考	3.24	0.99	3.01	0.87	1.065	8	0.111
概念式思考	3.11	0.77	2.67	0.58	0.500	2	0.667
工学结合能力	3.09	0.72	2.80	0.57	0.689	11	0.505
沟通能力	3.00	0.67	2.85	0.68	0.119	10	0.241
关系建立	3.12	0.71	2.53	0.66	0.745	3	0.510
教材编写能力	3.12	1.01	2.98	0.85	1.312	8	0.227
教学设计能力	2.99	0.80	3.02	0.51	−0.095	14	0.926
学生管理能力	3.24	0.80	2.65	0.88	1.814	5	0.129
科研能力	3.05	0.86	2.93	0.53	0.178	3	0.870
课堂管理能力	3.07	0.75	2.70	0.56	0.447	3	0.685
课堂教学能力	3.17	0.80	2.72	0.23	1.216	11	0.249
语言表达能力	2.68	0.98	2.74	0.83	−0.564	9	0.337
灵活性	3.22	0.74	2.57	0.23	1.482	7	0.182
培养他人能力	3.09	0.71	2.72	0.63	0.649	6	0.540
爱岗敬业	3.08	0.71	2.60	0.69	0.612	4	0.573
社会服务能力	2.87	0.99	2.75	0.89	0.095	3	0.784
实践能力	3.08	0.68	2.89	0.71	0.477	10	0.644
书面表达能力	2.97	0.77	2.71	0.62	2.150	5	0.084
调查研究能力	3.27	0.76	2.60	0.69	1.156	6	0.079
团队合作能力	3.35	1.27	2.98	0.99	2.011	7	0.056
团队领导能力	3.05	0.72	2.88	0.85	1.102	6	0.554
项目教学能力	3.11	0.80	2.85	0.46	0.662	10	0.523
校企合作能力	3.14	0.72	2.57	0.33	1.061	6	0.330
信息技术应用能力	3.12	1.11	2.95	0.98	1.103	7	0.415

续表

胜任特征	优秀组		普通组		t	df	p
	均值	标准差	均值	标准差			
考核评价能力	2.89	0.64	3.77	1.02	−1.296	6	0.242
学生专业发展指导能力	3.31	0.71	2.53	0.51	2.712	5	0.042*
学习能力	2.98	0.72	3.11	0.87	−0.157	6	0.881
引领激励能力	3.27	0.83	2.66	0.66	1.633	4	0.178
责任心	3.19	0.69	2.48	0.52	3.400	10	0.007**
重视次序、品质与精确	3.20	0.71	2.53	0.69	1.581	8	0.153
主动性	2.88	0.59	2.96	0.58	−1.124	6	0.112
专业技术应用能力	2.97	0.76	2.85	0.73	1.312	8	0.225
专业建设能力	2.73	0.84	3.54	1.15	−1.633	4	0.178
专业知识	3.19	0.88	2.75	0.78	0.845	5	0.437
资讯收集能力	3.19	0.69	2.85	0.69	0.745	7	0.480
自信心	3.00	0.67	3.12	0.85	0.883	6	0.358
职业生涯规划能力	3.25	1.20	3.11	0.97	0.776	4	0.552

注：*表示在 0.05 水平上有统计学意义；**表示在 0.01 水平上有统计学意义。

根据对优秀组高职教师和普通组高职教师在各项胜任特征上的平均等级分数和最高等级分数分别进行独立样本 t 检验结果，归纳出以下 9 项胜任特征作为优秀绩效高职教师胜任特征：成就导向、工学结合能力、沟通能力、课堂教学能力、灵活性、校企合作能力、考核评价能力、学生专业发展指导能力、责任心。这 9 项胜任特征具有鉴别性，即优秀绩效高职教师与普通绩效高职教师的胜任特征存在差别，因此，称为鉴别性胜任特征。

四、核检表统计结果

通过使用高职教师胜任特征核检表，可以从高职教师主观认知的角度发现对于高职教师来说最重要的胜任特征。本书研究使用的自编高职教师胜任特征核检表包含 56 个项目，调查时要求高职教师从中选择 10～15 个项目。对高职教师胜任特征核检表的频次统计结果如表 3-15 所示。

表 3-15　对高职教师胜任特征核检表的频次统计结果

顺序	胜任力要素	频次	百分比
1	责任心	136	75.6%
2	沟通能力	122	67.8%
3	成就导向	115	63.9%
4	实践能力	96	53.3%
5	教学设计能力	93	51.7%
6	学习能力	89	49.4%
7	语言表达能力	85	47.2%
8	校企合作能力	81	45.0%
9	课堂教学能力	79	43.9%
10	案例教学能力	76	42.2%
11	激励能力	70	38.9%
12	爱岗敬业	64	35.6%
13	课堂管理能力	61	33.9%
14	创新能力	61	33.9%
15	灵活性	49	27.2%

五、团体焦点访谈统计结果

本次访谈共计历时 130 min，访谈结束后请速录专业的教师带领学生对录音文本进行整理，由研究人员对文本进行归纳总结。

（1）研究人员根据《团体焦点访谈提纲》请访谈专家发言，访谈的第一个问题是，"请根据行为事件访谈法中优秀绩效教师胜任特征以及《高职教师胜任特征核检表》的结果，选出 15 项高职教师胜任特征，并按 1～15 进行排序，将您认为重要的胜任特征排在前面，如果还有遗漏，请您补充，并说明理由"。表 3-16 所示为各位专家选择的统计结果。

表3-16　团体焦点访谈专家评分统计结果

胜任特征	专家打分					频次	等级
	专家1	专家2	专家3	专家4	专家5		
成就导向	1	8	15	7	2	5	33
工学结合能力	2	1	2	2	1	5	8
沟通能力		14	8	11	12	4	45
课堂教学能力	3	2	3	1	3	5	12
灵活性	8	6		8	9	4	31
校企合作能力	4	3	4	5	14	5	30
考核评价能力	5	4	5	6	5	5	25
学生专业发展指导能力	10	7	9	15	15	5	56
责任心	6	11	10	14		4	41
专业知识	12	5	11	4	6	5	38
实践能力	7	10	1	3	7	5	28
教学设计能力	13	13			4	3	30
学习能力	9				8	2	17
语言表达能力			14			1	14
爱岗敬业	14			9	13	3	36
案例教学能力			6	13		2	19
激励能力				10		1	10
课堂管理能力	15		7			2	22
创新能力		12		10	11	3	33
项目教学能力	11	9				2	20
调查研究能力			12			1	12
资讯收集能力			13			1	13
信息技术应用能力		15		12		2	27

从表3-16结果分析，首先，按频次排序，频次多的排序在前，如果频次相同则按等级顺序排列，等级数越低，越往前排列，经专家讨论，原有行为事

件访谈法得出的优秀绩效高职教师胜任特征和《高职教师胜任特征核检表》列举的优秀绩效高职教师胜任特征（鉴别性胜任特征）还是比较准确的，但建议增加实践能力与专业知识两项胜任特征，因为专家在讨论中分别提出：

"可以考虑把实践能力列入优秀绩效高职教师的胜任特征，来自高职教师与普通高等学校教师的重要区别就是要具备良好的实践能力，高职教师必须要有比较好的动手能力，在所教授的专业，只有有了相关实践经验，才能更好地教学，要了解与掌握企业的实际工作，包括具备一定的操作能力，可能不像企业工作人员操作那么熟练，但是至少应该知道相关岗位的要求是什么，重点与难点在哪里。只有这样才能有实践经验，高职教师再把实践经验上升到理论进行教学，才能培养好学生。

"高职教师要掌握较好的专业知识，要具备较为全面的知识体系，这是高职教师的基本功，应该将专业知识列入优秀绩效高职教师的胜任特征，高职教师尤其要掌握所教授学科体系的知识内容，这样在他讲课的过程中才能把握好关键的知识点，才能把课程讲深讲透，而且随着社会科学技术的进步，专业知识的更新也非常快，教师要通过自身的学习，不断地充实与更新所掌握的专业知识。"

因此，专家建议要在原来行为事件访谈法总结的 9 项高职教师鉴别性胜任特征的基础上，增加实践能力和专业知识两项胜任特征，共计 11 项胜任特征，分别是：成就导向、工学结合能力、沟通能力、课堂教学能力、灵活性、校企合作能力、考核评价能力、学生专业发展指导能力、责任心、实践能力和专业知识。

（2）访谈的第二个问题是，在《高职教师胜任特征核检表》统计结果的基础上，经专家讨论，建议在普通绩效教师胜任特征（基准性胜任特征）中增加项目教学能力、调查研究能力、资讯收集能力和信息技术应用能力 4 项胜任特征，专家在讨论中分别提出：

"项目教学能力在高职教学过程中很重要，从 2005 年开始，高职院校普遍开展以工作过程为导向的教学改革，项目教学就是其中一种重要的教学方法，可以充分调动学生的积极性，与实际工作衔接很紧密，可以通过教学锻炼学生的语言表达能力与逻辑思维能力等，应该列入高职教师的胜任特征。

"调查研究能力与资讯收集能力都非常重要，我个人认为：虽然高职教师以教学为主，但高职教师应具备一定的科研能力，这样才能有提高，不然就成了教书匠了，不可能成为行业专家，而调查研究能力与资讯收集能力是科研能力的基础，只有具备这两种能力才能去企业调查第一手资料，开展科学研究。可以考虑将其列入高职教师的胜任特征。

"目前，慕课与翻转课堂在学校课程改革中起到比较好的作用，不远的将来可能都会取代传统的课堂教学，尽管这个观点还有争议，但至少说明科技进步很快，对传统教学方法的冲击很大，高职教师胜任力模型应该包括信息技术应用能力。"

最终经专家讨论，在分析《高职教师胜任特征核检表》统计结果的基础上，除了11项优秀绩效高职教师应具备的胜任特征，普通绩效高职教师应具备的胜任特征共有12项，包括教学设计能力、学习能力、语言表达能力、爱岗敬业、案例教学能力、激励能力、课堂管理能力、创新能力、项目教学能力、调查研究能力、资讯收集能力、信息技术应用能力，这12项胜任特征是优秀绩效高职教师与普通绩效高职教师没有显著差异的胜任特征，是高职教师在工作岗位中必备的胜任特征，因此称为基准的行为特征，至此，高职教师胜任力初步模型如表3-17所示。

表3-17 高职教师胜任力初步模型

类别	胜任特征
优秀绩效高职教师胜任特征（鉴别性）	成就导向、工学结合能力、沟通能力、课堂教学能力、灵活性、校企合作能力、考核评价能力、学生专业发展指导能力、责任心、专业知识、实践能力
普通绩效高职教师胜任特征（基准性）	教学设计能力、学习能力、语言表达能力、爱岗敬业、案例教学能力、激励能力、课堂管理能力、创新能力、项目教学能力、调查研究能力、资讯收集能力、信息技术应用能力

注：一个完整的高职教师胜任力模型体系除了包括具体的胜任特征，还应该包括胜任特征的定义、等级、行为描述等，最终形成《高职教师胜任特征编码词典》（示例见附录C）。

（3）访谈的第三个问题是：高职教师胜任力的初步模型结构是什么？

经5位专家讨论，建议参考Spencer的胜任特征词典的分类方式（胜任特征主要分为帮助与服务、成就与行动、冲击与影响、个人效能管理、认知五大类）[12]262-263，结合高职教师自身的专业特点，将上面归纳出来的高职教师胜任力项目分类如下。

（1）教育与教学能力。课堂教学能力、语言表达能力、案例教学能力、项目教学能力、教学设计能力、激励能力、课堂管理能力、学生专业发展指导能力、考核评价能力。

（2）专业发展能力（提升业务能力）。专业知识、学习能力、资讯收集能力、沟通能力。

（3）社会服务能力。工学结合能力、校企合作能力、实践能力。

（4）科研能力。创新能力、调查研究能力、信息技术应用能力。

（5）人格特征（非智力因素、价值观）。成就导向、责任心、灵活性、爱岗敬业。

根据行为事件访谈与团体焦点访谈，在上述修订的基础上共计开发出包括5个因子，23项胜任力的高职教师胜任力初步模型因子表，如表3-18所示。

表3-18　高职教师胜任力初步模型因子表

胜任力因子		胜任力项目				
教育与教学能力	A	1 课堂教学能力	2 语言表达能力	3 案例教学能力	4 项目教学能力	5 教学设计能力
		6 激励能力	7 课堂管理能力	8 学生专业发展指导能力	9 考核评价能力	
专业发展能力	B	10 专业知识	11 学习能力	12 资讯收集能力	13 沟通能力	
社会服务能力	C	14 工学结合能力	15 校企合作能力	16 实践能力		
科研能力	D	17 创新能力	18 调查研究能力	19 信息技术应用能力		
人格特征	F	20 成就导向	21 责任心	22 灵活性	23 爱岗敬业	

第四节　高职教师胜任力初步模型结构的阐述与解释

本节通过总结5位专家在团体焦点访谈中的讨论结果，结合第二章基础研究的相关研究成果，对高职教师胜任力初步模型结构进行解释。

一、教育与教学能力

教育与教学能力是高职教师核心能力之一，高职院校承担着人才培养、科学研究、社会服务和文化传承四大职能，而第一位就是人才培养。人才培养包括对学生的教学与育人，具体到高职教师的工作包括：一方面是开展教学工作（即教学），而另一方面是教育学生工作（即育人）。

开展教学工作是将教学设计方案在教学中予以实施的过程，教师的教学能力不同，同一份优秀教学设计方案实施的结果完全不一样，如果要保证教学方法方案的顺利实施，取得良好的教学效果，高职教师就必须重视教学能力。开展教学能力包括：教师要对教学事先进行良好的教学设计，在开展教学过程中语言表达流畅、清晰；与学生在教学中有良好的沟通，能及时对学生的良好表现予以鼓励；教师要有良好课堂管理能力，能够对课堂进行很好的组织与驾驭，能够处理可能的突发事件；能够采用多样化的考核评价方法对学生进行考核，这也是美国优秀职业教育教师的能力标准；此外，还应该具备设立模拟与仿真生产情境的能力，并且具备在模拟与仿真的生产情景下，进行项目教学与案例教学的能力。因为根据建构主义理论，当学生置于未来工作将运用的技能情景时，这对学生知识与技能的建构是非常有效的，同时建构主义认为，学生建构知识与技能需要师生协同对话，因此，高职教师应具有与学生进行很好的沟通交流的能力。

高职教师教育学生的工作主要是通过对学生的专业发展进行指导来实现的，这是因为教育学生工作的一个重要途径是专业及文化活动，即活动育人，而对于高职院校来说，活动育人更多的是由专门的辅导员来担任，专业课程的教师则更多的是发挥辅助作用，而高职教师育人的主要途径就是教学育人，在教学中对学生的专业发展进行指导，因为随着我国劳动的社会化与社会分工的日益细化，职业的种类越来越多，在高职院校一个专业的毕业生可以面向多个职业就业，但是由于高职学生入学分数比较低，专业基础比较差，相对于普通高等院校学生，缺乏自学能力与自我约束力。在毕业以后选择职业的时候比较盲目，缺乏自身的职业生涯规划，因此高职教师教育学生的工作更多体现在教学过程中对学生的个性化指导，尤其是有针对性地开展学生的职业生涯规划指导，促使学生成才。这也是国外职业教育的经验之一，美国的 NBPTS 制定的职业教育教师专业能力标准中就有帮助学生熟知工作环境的要求，一个合格的职业教育教师应该培养学生的职业决策能力和应聘技能，并为学生创造条件去感受将来的工作文化和要求[131]。

二、专业发展能力

高职教师的能力兼备了技师、工程师与教师的主要功能，因此，高职教师是一种专业性很强的混合型的职业，高职教师是介于学校与他所教授专业从业人员之间的沟通人，因此，优秀的高职教师对本专业要有扎实的理论知识，并能及时了解所教授专业或行业的最新生产技术和生产工艺，能及时更新专业知识与专业技能，更新职业教育理念；要关注职业教育的改革发展，尤其是在目前教育信息化迅速发展的背景下，优秀的高职教师在与学生、同事以及上级领导沟通交往的过程中，要表现出较好的灵活性与沟通能力；能够制定自身专业发展规划，高职教师可以通过阅读专业期刊与积极参与学术活动来提高自身理论水平，通过企业实践以及帮助企业解决实际问题来提高自身的实践能力，努力成为理论上有一定造诣和实践经验丰富的教师。

三、社会服务能力

社会服务是高等职业院校的重要职能之一，目前我国科技与经济不断发展，知识更新不断加速，为职业教育给公民提供终身学习创造了条件。一方面，在培训社会各类人员就业与再就业的过程中，高职教师发挥着重要的作用。另一方面，越来越多的优秀高职教师拥有良好的实践能力，能够参与企业产品研发、技术改造等工作。因此，一名优秀的高职教师应该能够充分利用高职院校的资源，运用自身的专业知识与技术，与政府、企业和社区在技术咨询、人员培训、产品研发等领域展开合作；高职教师在帮助企业与社会发展的同时，也会为所在院校赢得良好的社会声誉，同时也能将产业或企业技术发展的最新成果反馈到专业建设过程之中，促进工学结合、工学交替的人才培养模式，促进学校人才培养质量的提高。

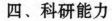

四、科研能力

科研能力是高职教师自身专业能力不断发展的必要条件，高职教师作为对实践能力要求较高的职业，能够为行业与企业解决技术难题，在此基础上，围绕行业领域热点和难点问题展开科学研究，并将研究成果及时转化为教学资源。此外，高职教育与普通高等教育有较大的差异，高职教师作为教育教学实践者，比理论研究者更应当了解教育中的现状与困惑，在职业教育研究方面有得天独厚的条件，高职教师应具有良好的创新能力，开展高等职业教育理论与实践的研究。同时，高职教师要掌握科学研究的程序方法，拥有较好的调查研究与信息技术应用能力；要有开展科研项目的管理能力，能够合理安排科研经费，管理科研项目的进度。在欧盟的职业教育教师专业标准中，科研能力被认为是职业教育教师的必备能力，但其更强调科研项目立项与管理的能力，包括寻找研究经费的来源、经费预算、科研项目管理等能力。而我国很多职业教育的专家对高职教师科研能力的诠释，还停留在高职教师应该具备文献的梳理、研究方法的选择、研究思路的设计与形成研究成果的能力上。

五、人格特征

人格特征是指一系列复杂的具有跨时间、跨情景特点的，影响个体特征行为模式的内在品质，教师人格特征是指教师在与学生、同事、上级交往过程中以及对待自己、对待教育与教学工作乃至在适应生存环境等方面所显现的特有与持久的个性心理品质[132]。高职教师的人格特征是指教师在高职教学工作环境中持续表现出来的独特的个性品质，包括：爱岗敬业的精神，对教育事业以及对学生的热爱；在教学工作中表现出来的追求卓越、精益求精的精神，对教学与教育工作表现出来的很强的责任心，对工作成就有较高的追求。拥有优秀个人品质的高职教师会对学生产生潜移默化的影响，在高职教师高尚的人格影响下，学生为其崇高的品德所折服，为其卓越的才华所倾倒，为其广博的知识所陶醉，正所谓："亲其师，信其道。"

第四章 高职教师胜任力模型
验证与测验编制

第一节 研 究 目 的

在第三章的研究中，通过行为事件访谈法与团体焦点访谈法获得高职教师胜任力初步模型，其中，优秀绩效教师包括 11 项胜任特征，普通绩效教师包括 12 项胜任特征，这只是通过胜任力理论对在岗高职教师访谈与问卷调查数据分析的一个初步结果，为更进一步进行模型验证，在本书研究编制《高职教师胜任力调查问卷》，对测试数据进行项目分析的基础上进行探索性因子分析，来验证高职教师胜任力初步模型的合理性与有效性，形成正式的高职教师胜任力模型，同时修订与调整问卷的测验项目，形成正式的《高职教师胜任力测评问卷》，并检验其测量学属性，以便在高职教师胜任力测评中广泛应用。

第二节 研究方法与研究步骤

一、被试

本书研究的被试均采用随机抽样的原则，对全国高职院校中在岗专业教师进行问卷调查，取样时间为 2015 年 9 月至 12 月。

1. 预测测试样本

被试教师填写的《高职教师胜任力调查问卷》初稿，样本取自北京的 4 所高职院校，取样时间为 2015 年 9 月至 10 月，共发放问卷 100 份，回收 98 份，全部为专业课任课教师，回收率为 98%，根据预测结果对《高职教师胜任力测评问卷》部分题目进行修订与调整，形成正式问卷。

2. 正式测试样本

本书研究时间为 2015 年 10 月至 12 月，范围在北京、广东、黑龙江、湖南、重庆、山东、广西等 12 个省、区、市，本次调查数据主要通过以下两种途径获得。

（1）通过研究者担任全国商业职业教育教学指导委员会的相关职务，向北京、广东、黑龙江、湖南等兄弟院校发放问卷。

（2）借助高职教师师资培训项目，研究者本人担任其中一个项目的培训教师，向参加培训的两所高职院校的专业教师发放问卷。

通过上述两种途径共发放问卷 900 份，回收 851 份，回收率为 94.6%，剔除无效问卷，剩余有效问卷 843 份，有效率为 93.7%，正式测试高职教师被试特征及分布情况如表 4-1 所示。

表 4-1 正式测试高职教师被试特征及分布情况

变量	组别	频数	百分比/%	合计	缺失值
学校获得荣誉称号	国家示范性高职院校	2	16.67	12	0
	国家骨干高职院校	7	58.33		
	无	3	25.00		
性别	男	340	40.62	837	6
	女	497	59.38		
年龄	30 年以下	153	18.46	829	14
	31～40 年	449	54.16		
	41～50 年	168	20.27		
	50 年以上	59	7.12		
教龄	3 年以下	87	11.11	783	60
	4～8 年	330	42.15		

续表

变量	组别	频数	百分比/%	合计	缺失值
教龄	9～15年	173	22.09	783	60
	16～25年	122	15.58		
	26年以上	71	9.07		
地区	东部	5	50.00	10	0
	中部	4	40.00		
	西部	1	10.00		
学历	本科	310	37.85	819	24
	硕士	471	57.51		
	博士	29	3.54		
	大专	9	1.10		
职称	高级职称	308	38.21	806	37
	中级职称	381	47.27		
	初级职称	117	14.52		
教师获得的荣誉称号	国家级优秀	7	0.85	821	22
	省级优秀	21	2.56		
	市级优秀	7	0.85		
	校级优秀	67	8.16		
	无	719	87.58		
职业资格证书	高级	276	33.09	834	9
	中级	369	44.24		
	初级	162	19.42		
	无	27	3.24		

正式测试高职教师所在高职院校的地域分布情况如表4-2所示。

表4-2 正式测试高职教师所在高职院校的地域分布情况

调查省（市）	学校数	人数	百分比/%	调查省（市）	学校数	人数	百分比/%
北京（东）	1	36	4.27	辽宁（东）	1	65	7.71
黑龙江（中）	1	110	13.05	湖北（中）	1	203	24.08
山东（东）	2	67	7.95	江苏（东）	2	127	15.07
重庆（西）	1	86	10.20	广西（东）	1	44	5.22
湖南（中）	1	72	8.54	安徽（中）	1	33	3.91
合计				人数：843（缺失值：0）			

从本次抽样高职院校的地域分布来看，与我国高职院校的地域分布规律一致，位于东部的高职院校最多，其次为中部，而位于西部的高职院校最少。

从表4-3可知，被测试的高职教师的专业领域涉及农林牧渔、电子信息、财经商贸等14个专业大类，其中，财经商贸、电子信息与装备制造大类教师人数最多，分别占17.93%、16.71%和13.54%。

表4-3 样本专业类别分布

专业领域	人数	百分比/%	专业领域	人数	百分比/%
农林牧渔大类	28	3.41	电子信息大类	137	16.71
资源环境与安全大类	43	5.24	财经商贸大类	147	17.93
能源动力与材料大类	18	2.20	旅游大类	87	10.61
土木建筑大类	48	5.85	文化艺术大类	37	4.51
装备制造大类	111	13.54	新闻传播大类	58	7.07
食品药品与粮食大类	43	5.24	教育与体育大类	24	2.93
交通运输大类	22	2.68	公共管理与服务大类	17	2.07
合计			人数：820（缺失值：23）		

二、研究工具

自编《高职教师胜任力调查问卷》（附录 D），采用 Likert 5 点量表计分，其中，1 表示"完全不符合"，2 表示"基本不符合"，3 表示"有时符合"，4 表示"基本符合"，5 表示"完全符合"，施测时增加了用于了解被试教师的个人背景资料项，包括教师的性别、年龄、学历、职称、教龄、任教于哪一所高职院校等，数据分析主要使用 SPSS 20.0 和 AMOS 20.0 两个软件。

三、研究方法

问卷调查法与统计分析法。

四、研究步骤

1. 确定高职教师胜任特征

根据《高职教师胜任特征编码词典》和行为事件访谈的原始题目，对照已经建立的高职教师胜任力初始模型项目，将优秀绩效教师与普通绩效教师有显著差异的鉴别性胜任特征与基准性胜任特征挑选出来进行归类，最终选择的高职教师胜任特征包括成就导向、工学结合能力、沟通能力、课堂教学能力、灵活性、校企合作能力、考核评价能力、学生专业发展指导能力、责任心、专业知识、实践能力、教学设计能力、学习能力、语言表达能力、爱岗敬业、案例教学能力、激励能力、课堂管理能力、创新能力、项目教学能力、调查研究能力、资讯收集能力、信息技术应用能力共计 23 项。

2. 编制《高职教师胜任力调查问卷》的原始题目

在参考以前学者相关研究的基础上，从高职教师行为事件访谈研究的初始文本与《高职教师胜任特征编码词典》中选取测验题目，所列举的题目能够清晰地描述高职教师在教学与教育过程中的行为，共计编制 110 道题（包含 9 道测谎题），每项胜任特征测试题目数目不等。

3. 进行预测试，形成《高职教师胜任力调查问卷》

首先，对北京财贸职业学院、北京信息职业技术学院、北京劳动保障职业学院、北京农业职业学院 4 所院校的 100 位专业课任课教师进行预测试，回收有效问卷 98 份，有效率 98%，根据预测结果对《高职教师胜任力调查问卷》部分题目进行修订与调整。其次，请 2 位职业教育领域的专家以及 2 位高职院校的教授对修订与调整后的所有题目进行核查，主要核查题目表述的准确性、合理性和文字表达的通顺性。最后，保留 105 道题（包含 9 道测谎题），测验项目采用 Likert 5 点量表计分，其中，1 表示"完全不符合"，5 表示"完全符合"。

4. 实施《高职教师胜任力调查问卷》测试，验证高职教师胜任力初始模型

选取江苏经贸职业技术学院等 12 所高职院校共计 900 名在岗高职教师进行《高职教师胜任力调查问卷》测试，并将所有有效问卷整理、录入，对测试数据在项目分析的基础上进行清理，对余下的一半有效数据（随机抽取一半）进行探索性因子分析，对高职教师胜任力模型结构进行探索，验证高职教师胜任力初始模型，并得出最终的高职教师胜任力模型。

5. 编制《高职教师胜任力测评问卷》

根据项目分析以及探索性因子分析结果，修正与调整个别项目，形成《高职教师胜任力测评问卷》，对另一半有效数据进行验证性因子分析，对施测项目的信度与效度等测量学指标进行分析，检验测量工具的效能。

第三节　结果分析

一、被试清理

为检验被试是否认真作答，该量表在编制过程中使用了 9 道测谎题，这 9 道测谎题全部为反向题。在将这 9 道测谎题进行反向赋分后计算其平均值，如果某个被试在除测谎题外的题目上的平均得分与测谎题平均得分之差过大，可视为该被试不认真作答而予以删除。这里所采用的被试在测谎题上的表现是否异常的标准是测谎题平均得分在除测谎题外的各题项平均得分的正负两个标准差范围内。计算结果显示，共有 202 个被试非测谎题的平均值与测谎题平均值之差的绝对值大于非测谎题标准差的 2 倍。据此，在进行下一步分析之前，将这 202 个被试非测谎题删除，剩余 698 个有效被试，其中 349 个被试应用于探索性因子分析，余下的 349 个被试应用于验证性因子分析。

二、项目分析

在进行探索性因子分析之前，首先通过多种方法对各个题项进行项目分析，以判断各个题项的区分度以及与总量表的相关程度。本书研究所使用的项目分析主要分三步进行。首先，根据 27% 原则将题项记分进行高低分分组，计算各个题项的决断值，探讨高低分被试者在各个题项的差异性；采用独立样本 t 检验，考虑删除未达显著性水平的题项和虽然已达显著性水平，但高低分组差异的 t 值小于 3.0 的，以及题项的区分度较差的题目。其次，计算量表中各个题项与总分的相关程度，对于与总分的相关程度未达到显著性水平，或者虽然达到显著性水平但是相关系数小于 0.4 的题项，可以考虑删除。最后，对题项的同质性进行检验，对题项的共同性及因子载荷进行分析。题项的共同性小于 0.2，并且因子载荷小于 0.45 的可以考虑删除[133]，将上述各检验结果进行整理，得到结果如表 4-4 所示。

表 4-4　高职教师胜任力调查问卷项目分析摘要表

题号	高低分分组比较	题项与总分的相关程度		同质性检验			未达标指标数	备注
	t	题项与总分相关程度	校正后的题项与总分相关程度	删除该题项后的 α 值	共同性	因子载荷		
1	14.037***	0.445**	0.437	0.982	0.194	0.440	**2**	**删除**
2	14.575***	0.476**	0.457	0.982	0.212	0.460	0	保留
3	14.516***	0.485**	0.463	0.982	0.215	0.464	0	保留
4	15.407***	0.530**	0.546	0.982	0.299	0.547	0	保留
5	14.493***	0.509**	0.499	0.982	0.254	0.504	0	保留
6	17.403***	0.586**	0.577	0.982	0.337	0.581	0	保留
7	15.630***	0.561**	0.544	0.982	0.300	0.548	0	保留
8	12.809***	0.478**	0.467	0.982	0.218	0.467	0	保留
10	11.781***	0.490**	0.513	0.982	0.268	0.518	0	保留

续表

题号	高低分分组比较	题项与总分的相关程度		同质性检验			未达标指标数	备注
	t	题项与总分相关程度	校正后的题项与总分相关程度	删除该题项后的α值	共同性	因子载荷		
11	17.919***	0.616**	0.609	0.982	0.374	0.611	0	保留
12	17.283***	0.583**	0.581	0.982	0.347	0.589	0	保留
13	13.380***	0.511**	0.501	0.982	0.258	0.508	0	保留
14	17.636***	0.599**	0.579	0.982	0.321	0.567	0	保留
15	18.711***	0.629**	0.635	0.982	0.387	0.622	0	保留
16	18.286***	0.595**	0.557	0.982	0.297	0.545	0	保留
17	15.466***	0.522**	0.492	0.982	0.228	0.478	0	保留
19	13.925***	0.491**	0.507	0.982	0.241	0.491	0	保留
20	15.227***	0.527**	0.500	0.982	0.235	0.485	0	保留
21	18.354***	0.604**	0.603	0.982	0.365	0.604	0	保留
22	18.355***	0.629**	0.609	0.982	0.384	0.619	0	保留
23	19.238***	0.621**	0.629	0.982	0.413	0.642	0	保留
24	20.623***	0.650**	0.639	0.982	0.414	0.644	0	保留
25	17.486***	0.622**	0.598	0.982	0.337	0.581	0	保留
26	18.267***	0.610**	0.595	0.982	0.339	0.582	0	保留
27	11.197***	0.407**	0.389#	0.983#	0.144#	0.379#	4	**删除**
29	14.274***	0.548**	0.563	0.982	0.328	0.573	0	保留
30	19.114***	0.640**	0.642	0.982	0.410	0.640	0	保留
31	15.066***	0.566**	0.543	0.982	0.284	0.533	0	保留
32	17.491***	0.604**	0.607	0.982	0.382	0.618	0	保留
33	18.487***	0.636**	0.629	0.982	0.407	0.638	0	保留
34	16.516***	0.600**	0.600	0.982	0.371	0.609	0	保留
35	12.487***	0.512**	0.514	0.982	0.276	0.525	0	保留
37	15.057***	0.528**	0.505	0.982	0.265	0.515	0	保留

续表

题号	高低分分组比较	题项与总分的相关程度		同质性检验			未达标指标数	备注
	t	题项与总分相关程度	校正后的题项与总分相关程度	删除该题项后的 α 值	共同性	因子载荷		
38	15.720***	0.589**	0.573	0.982	0.346	0.589	0	保留
39	21.117***	0.686**	0.681	0.982	0.483	0.695	0	保留
40	19.227***	0.643**	0.647	0.982	0.440	0.664	0	保留
41	19.847***	0.686**	0.688	0.982	0.492	0.701	0	保留
42	23.575***	0.697**	0.681	0.982	0.483	0.695	0	保留
43	16.545***	0.607**	0.610	0.982	0.399	0.632	0	保留
44	18.207***	0.626**	0.635	0.982	0.425	0.652	0	保留
45	13.463***	0.491**	0.471	0.982	0.239	0.489	0	保留
47	10.745***	0.494**	0.515	0.982	0.281	0.530	0	保留
48	22.386***	0.709**	0.686	0.982	0.483	0.695	0	保留
49	26.349***	0.743**	0.732	0.982	0.551	0.742	0	保留
50	21.013***	0.699**	0.690	0.982	0.480	0.693	0	保留
51	22.617***	0.722**	0.733	0.982	0.554	0.744	0	保留
52	18.225***	0.640**	0.663	0.982	0.451	0.671	0	保留
53	19.973***	0.680**	0.702	0.982	0.503	0.709	0	保留
55	18.622***	0.588**	0.575	0.982	0.343	0.586	0	保留
56	21.710***	0.682**	0.679	0.982	0.484	0.696	0	保留
57	19.456***	0.673**	0.686	0.982	0.492	0.701	0	保留
58	20.574***	0.659**	0.659	0.982	0.460	0.678	0	保留
59	20.995***	0.656**	0.649	0.982	0.445	0.667	0	保留
60	20.818***	0.675**	0.655	0.982	0.433	0.658	0	保留
61	16.979***	0.596**	0.587	0.982	0.357	0.598	0	保留
62	13.084***	0.485**	0.463	0.982	0.229	0.478	0	保留
64	21.804***	0.667**	0.655	0.982	0.450	0.671	0	保留

续表

题号	高低分分组比较	题项与总分的相关程度		同质性检验			未达标指标数	备注
	t	题项与总分相关程度	校正后的题项与总分相关程度	删除该题项后的α值	共同性	因子载荷		
65	23.463***	0.718**	0.714	0.982	0.535	0.731	0	保留
66	25.435***	0.740**	0.740	0.982	0.578	0.760	0	保留
67	22.872***	0.694**	0.686	0.982	0.502	0.708	0	保留
68	26.588***	0.764**	0.750	0.982	0.592	0.770	0	保留
69	23.585***	0.750**	0.739	0.982	0.574	0.758	0	保留
70	22.613***	0.718**	0.721	0.982	0.552	0.743	0	保留
71	24.528***	0.741**	0.740	0.982	0.570	0.755	0	保留
72	20.851***	0.622**	0.624	0.982	0.411	0.641	0	保留
74	18.763***	0.643**	0.620	0.982	0.407	0.638	0	保留
75	24.895***	0.733**	0.726	0.982	0.548	0.740	0	保留
76	23.238***	0.743**	0.745	0.982	0.584	0.764	0	保留
77	26.008***	0.750**	0.741	0.982	0.576	0.759	0	保留
78	25.581***	0.754**	0.762	0.982	0.605	0.778	0	保留
79	24.375***	0.724**	0.730	0.982	0.564	0.751	0	保留
80	19.008***	0.668**	0.686	0.982	0.503	0.709	0	保留
81	14.775***	0.548**	0.550	0.982	0.320	0.566	0	保留
83	17.845***	0.595**	0.579	0.982	0.354	0.595	0	保留
84	24.061***	0.676**	0.665	0.982	0.478	0.691	0	保留
85	22.416***	0.656**	0.658	0.982	0.470	0.686	0	保留
86	24.010***	0.677**	0.666	0.982	0.479	0.692	0	保留
87	22.813***	0.684**	0.666	0.982	0.470	0.686	0	保留
88	18.427***	0.624**	0.616	0.982	0.403	0.635	0	保留
89	15.724***	0.576**	0.552	0.982	0.328	0.573	0	保留
90	19.551***	0.641**	0.639	0.982	0.436	0.660·	0	保留

续表

题号	高低分分组比较	题项与总分的相关程度		同质性检验			未达标指标数	备注
	t	题项与总分相关程度	校正后的题项与总分相关程度	删除该题项后的 α 值	共同性	因子载荷		
91	17.772***	0.627**	0.599	0.982	0.364	0.604	0	保留
92	17.523***	0.607**	0.581	0.982	0.333	0.577	0	保留
93	19.096***	0.634**	0.601	0.982	0.358	0.598	0	保留
94	19.471***	0.608**	0.611	0.982	0.399	0.632	0	保留
95	18.091***	0.633**	0.626	0.982	0.413	0.643	0	保留
96	21.271***	0.638**	0.635	0.982	0.430	0.656	0	保留
97	16.019***	0.533**	0.536	0.982	0.310	0.556	0	保留
98	21.898***	0.659**	0.638	0.982	0.439	0.662	0	保留
99	20.792***	0.687**	0.664	0.982	0.462	0.680	0	保留
100	21.626***	0.709**	0.700	0.982	0.517	0.719	0	保留
101	20.318***	0.659**	0.634	0.982	0.426	0.652	0	保留
102	20.178***	0.671**	0.655	0.982	0.450	0.671	0	保留
103	19.634***	0.659**	0.645	0.982	0.443	0.665	0	保留
104	20.693***	0.628**	0.601	0.982	0.383	0.619	0	保留
105	12.649***	0.497**	0.469	0.982	0.239	0.489	0	保留
判断标准	≥3	≥0.4	≥0.4	≤0.982	≥0.2	≥0.45		

注：① 0.982 为高职教师调查问卷内部一致性 α 系数，大于该值表明删除相应题项后问卷内部一致性程度会提高；#为未达标值；

② 105 个题项中缺失的 9 个题项为测谎题，不参与因子分析，除此之外，剩余 96 个题项；

③ **表示在 0.01 水平上显著，***表示在 0.001 水平上显著。

根据表 4-4 的结果，第 1 题的共同性为 0.194，小于 0.2，因子载荷为 0.440，小于 0.45，所以该题在后续的分析中可以删除；第 27 题有 4 项项目分析指标不达标，校正后的题项与总分相关系数为 0.389，小于 0.4；删除该题项后的 α 值为 0.983，大于 0.982；共同性为 0.144，小于 0.2；因子载荷为 0.379，小于 0.45，所以该题在进入下一步分析之前直接予以删除。用项目分析后剩余的 94 个项目进行因子分析。

根据上述项目分析的结果，删除 9 个测谎项目和项目 1、27 之后，剩余 94 个项目，在探索性因子分析中共有 349 个有效样本数据。根据学者 Comrey 与 Lee 对于因子分析时所需的样本大小的观点，样本数在 200 附近是普通的（fair），样本数在 300 附近是好的（good）[133]172-173，本书研究中样本数超过 300，达到较好的样本数。

首先对数据进行 KMO 取样适切性检验和 Bartlett 球形检验，检验结果如表 4-5 所示，样本适切性 KMO 的指标为 0.956，根据 Spicer 的观点，若是所有题项变量所呈现的 KMO 指标值大于 0.90，表示题项变量间的关系是极佳的（marvelous），题项变量间非常适合进行因子分析。Kaiser 也指出，在进行因子分析时，KMO 指标值在 0.90 以上时，意味着因子分析适切性极佳，极适合进行因子分析[133]207。表 4-5 显示，在本研究中 Bartlett 球形检验卡方近似值为 23 626.307，自由度为 2 346，显著性 p 值小于 0.001，差异显著，球形假设被拒绝，表明问卷项目间并非独立，取值是有效的。

表 4-5　KMO 检验和 Bartlett 球形检验结果

KMO		0.956
Bartlett 球形检验	χ^2	23 626.307
	df	2 346
	p	0.001

因子分析采用主成分分析法提取因子，由于根据初步统计，因子间并不是完全独立的，而是存在一定的相关性，部分相关系数在 0.30 以上，所以采用 Promax 斜交旋转法，提取的标准为特征值大于 1，提取因子数目不确定。本书研究在删除项目时，根据因子分析结果，去除了因子载荷小于 0.3 的因子。结合问卷设计时的理论结构模型，多次重复这一探索过程，相继删除项目 35 个，直至累积解释的变异累积量趋于稳定，最终提取 5 个因子。因子分析结果整理如表 4-6 所示。

表 4-6 高职教师胜任力量表探索性因子分析结果

题号	因子及题目	因子载荷	特征值	方差解释率
	因子一：实践教学能力		**22.937**	**13.28%**
40	对本职工作有强烈的主动性、坚持性和责任心	0.676		
33	能紧跟本专业的发展，通过不断学习及时更新自己的专业知识	0.671		
43	在平时工作中兢兢业业，加班加点，任劳任怨，乐于奉献和钻研	0.662		
38	能牺牲自己的闲暇时间，专注于教学设计、学生辅导、编写教材等工作	0.632		
42	爱生如子，善于给予学生学业上的指导	0.614		
32	能熟练掌握本专业的知识，在授课过程中加以熟练运用	0.607		
41	积极投入教学工作并以此为乐趣	0.603		
44	高度关注自身发展，通过学习不断完善自己	0.590		
47	具有很强的搜寻案例的能力，将合适的案例应用于教学当中	0.565		
45	给予学生感情上的关怀，使其体验到自身价值	0.554		
49	能指导学生通过对案例的讨论与分析，运用所学知识解决实际问题	0.551		
35	积极收集新知识与技能的资料，并应用于教学之中	0.531		
34	经常关注与专业相关的新闻、学术期刊以及学术会议	0.530		
29	能通过不断学习，使自身实践能力不断提升	0.518		
39	高度关注学生学习状态和学习结果，并给学生以个性化的辅导	0.492		
37	认真高效地为学生批改作业并及时反馈给学生	0.489		
53	对项目教学活动中的非预期事件应对自如	0.461		

续表

题号	因子及题目	因子载荷	特征值	方差解释率
51	巧妙设计教学项目的学习情境，促进学生对教学项目有浓厚的兴趣	0.441		
48	可以根据所教授的理论知识，直接或者间接开发案例	0.436		
	因子二：专业发展能力		**3.329**	**13.01%**
86	积极主动地与学生进行沟通，帮助学生解决学习、生活中的实际问题	0.740		
85	与学生沟通时语言简洁，使学生迅速准确地掌握所谈信息	0.718		
84	能成为学生很好的倾听者，给予学生所关心事情的回应	0.663		
87	能想方设法改善工作绩效	0.649		
94	能为学生提供个性化的学习指导	0.648		
96	能够根据学生未来的就业方向为其提供专业指导	0.628		
88	敢于为自己和组织设定挑战性的目标	0.609		
100	能通过访谈、观察等技术获取他人观点、收集到客观的信息	0.607		
83	熟悉学生的心理特征	0.598		
81	口头语言和肢体语言富有表现力	0.595		
89	对人对事有比较严格的要求，愿意把事情做得更完美	0.594		
79	语言组织有层次、有重点、有变化	0.572		
98	能够主动收集与专业相关的知识与技术资料	0.569		
97	为学生创造条件去感受未来就业的工作环境要求	0.549		
	因子三：社会服务能力		**2.049**	**9.65%**
25	有丰富的生产实践经验来指导教学实践	0.712		

题号	因子及题目	因子载荷	特征值	方差解释率
26	熟悉企业（事业、政府机关）相关岗位工作流程	0.699		
17	能帮助企业解决实际问题，有能力申报企业横向课题	0.669		
31	拥有丰富的企业实践经验	0.642		
20	能够帮助企业制定绩效考核、质量控制等标准	0.641		
27	有直接参与企业（事业、政府机关）相关岗位的工作经验	0.635		
19	可以从事企业培训工作，帮助企业培养人才	0.616		
15	所教授专业课程符合企业实际工作流程	0.594		
93	善于跟企业合作进行课程开发和教学设计	0.565		
16	能够将传统教学场所引向企业，指导学生在企业中实习	0.564		
14	能将企业实践应用到日常教学工作中	0.559		
91	能够积极参与企业培训，帮助企业培养人才	0.432		
因子四：课堂教学能力			**3.002**	**9.74%**
6	根据高等职业教育特点，运用恰当的教学手段和方法进行教学	0.725		
2	在我的课上，课堂秩序良好	0.717		
5	对专业知识的表达和阐释非常明晰	0.695		
7	能够引导学生自主学习，使学生产生学习兴趣	0.688		
4	学生参与课堂的积极性非常高，师生互动很好	0.654		
3	能根据学生学习情况进行分组，让学生进行有效的小组合作学习	0.637		
11	教学内容的安排切合高等职业教育的特性	0.632		
10	教学安排有序，能够兼顾课程要求和学生特点	0.597		
8	学生上完我所教授的课程之后收获很大	0.579		
13	依据学生与所授课程的特点，正确选择及使用教学器材设备和工具	0.574		

续表

题号	因子及题目	因子载荷	特征值	方差解释率
	因子五：评价学生能力		**1.650**	**5.92%**
55	打破传统考核形式，依据学生就业岗位特点对其进行考核，考核方式多样	0.716		
59	关注学生的思想素质（如团队精神）方面的考核	0.671		
60	根据岗位（行业）标准设计考核方案，考核方案与企业（行业）接轨	0.627		
56	考核方式能引导学生重视学习过程体验	0.610		
57	考核内容不但关注基础知识，更注重对学生实操技能进行考核	0.530		
58	对学生成绩进行认真分析、汇总与归档，并及时反馈给学生	0.490		
	累计方差解释率			**51.60%**

表4-6是经过极大方差旋转后各题目的因子载荷，以及各因子的方差解释率。在各因子包含的题目中，因子载荷均大于0.43，在5个因子的方差解释率方面，因子一的方差解释率为13.28%，因子二的方差解释率为13.01%，因子三的方差解释率为9.65%，因子四的方差解释率为9.74%，因子五的方差解释率为5.92%。从因子载荷和因子的方差解释率情况来看，结果较为理想。由表4-6可知，各个因子下的题项的含义都比较相近，所以，根据题项的具体内容，尝试对因子进行命名。

因子一主要关注高职教师将实践与教学结合的能力，其中包括教师关注最新知识和相关动态并将其应用到教学中的情况，包括创设合适的情境并选择丰富的案例用到教学中的能力，也包括教师对本职工作的热爱与敬业状态等。这些都是教师在实践教学中不可或缺的，该因子可命名为"实践教学能力"。具体来看第29、32、33、34、35题考察的是高职教师的"专业知识"，即高职教师对专业知识的掌握及其获取新知识用到教学中的能力；第37、38、39、40题考察的是高职教师的"责任心"，即专注于本职工作并对学生给予充分辅导；第41、42、43、44、45题考察的是高职教师的"爱岗敬业"程度，即高职教师对高等职业教育事业的投入、对学生的关怀和对自身发展的不懈追求等；第47、48、49 题考察的是高职教师的"案例教学能力"，即开发及运用恰当的案例进行教学的能力，第51题和第53题考察的是高职教师的"项目教学能力"，即设计教学情境，通过实际项目进行教学的情况。

因子二主要关注高职教师的语言、与学生的沟通、设定并实现工作目标、提高学生专业发展以及获取信息的能力，这个因子表现了高职教师的专业发展状况，可命名为"专业发展能力"。具体来看，第79题和第81题考察的是高职教师的"语言表达能力"，即高职教师有效运用语言进行教学的能力；第83、84、85、86 题考察的是高职教师的"沟通能力"，即熟悉学生，能有效跟学生沟通以促进学生发展的能力；第87、88、89题考察的是高职教师在工作中的"成就导向"，即高职教师设定并完成挑战性的工作目标的能力；第94、96、97题考察的是高职教师的"学生专业发展指导能力"，即高职教师对学生进行个性化指导，尤其是有针对性地开展学生的职业生涯规划指导的能力；第98 题和第100题考察的是高职教师的"资讯收集能力"，即高职教师能够主动并及时通过专业的方法获取相关的知识与信息，并将其运用于日常工作的能力。

因子三主要关注高职教师与企业密切联系，与企业合作进行教学并能为企业做出相应工作，可以将学生学习与企业实际需求紧密结合等方面的能力，这反映的是高职教师在教学与实践方面融会贯通，并服务于社会的能力，可以命名为"社会服务能力"。第14、15、16、17、19、20题考察的是高职教师的"工学结合能力"，即高职教师将企业实践与人才培养方面结合起来的能力，帮助企业解决相应的问题，以及教师能利用企业资源进行教育教学和科研能力；第25、26、27、31 题考察的是高职教师的"实践能力"，即高职教师具有丰富的实践经验以及对企业的实际工作流程熟悉等，这些都是高职教师不可或缺的能力；第91题和第93题考察的是高职教师的"校企合作能力"，即高职教师对企业有所帮助并利用企业资源合作进行教学的能力。

因子四主要关注高职教师课堂教学、课堂管理与教学设计能力，这些内容体现了教师在课堂教学方面的胜任力，可将其命名为"课堂教学能力"。具体来看，第2、3、4题考察的是高职教师的"课堂管理能力"，即高职教师能否维持较好的课堂秩序并在课堂上保持与学生之间良好沟通的能力；第5、6、7、8题考察的是高职教师的"教学能力"，即教师在课堂教学中教学方法恰当，在课堂上保持师生之间共同的互动和参与，以及学生有良好的学习效果等；第10、

11、13 题考察的是高职教师的"教学设计能力"，即高职教师能根据高等职业教育的特性和学生特征合理安排课程并恰当地选用相应的教学工具。

因子五主要关注教师的评价学生能力，教师要熟悉考核开发的程序与步骤，能够掌握职业知识与技能考核评价的程序方法，能够采用多样化的评价方法对学生进行考核，包括第 55、56、57、58、59、60 题，该因子可命名为"评价学生能力"。

对这 5 个因子而言，"实践教学能力"因子各个题项的因子载荷均超过 0.4，该因子的方差解释率为 13.28%；"专业发展能力"因子各个题项的因子载荷均超过 0.5，该因子的方差解释率为 13.01%；"课堂教学能力"因子各个题项的因子载荷均超过 0.5，该因子的方差解释率为 9.74%；"社会服务能力"因子各个题项的因子载荷均超过 0.4，该因子的方差解释率为 9.65%；"评价学生能力"因子各个题项的因子载荷均超过 0.4，该因子的方差解释率为 5.92%。5 个因子的累计方差解释率达到 51.60%。从以上数据来看，高职教师胜任力量表的结构效度较好。每个因子命名与包含的问卷项目编号如表 4–7 所示。

表 4–7　每个因子命名与包含的问卷项目编号

因子	因子命名	包含的问卷项目编号
F1	实践教学能力	专业知识（29、32、33、34、35），责任心（37、38、39、40），爱岗敬业（41、42、43、44、45），案例教学能力（47、48、49），项目教学能力（51、53）
F2	专业发展能力	语言表达能力（79、81），沟通能力（83、84、85、86），成就导向（87、88、89），学生专业发展指导能力（94、96、97），资讯收集能力（98、100）
F3	社会服务能力	工学结合能力（14、15、16、17、19、20），实践能力（25、26、27、31），校企合作能力（91、93）
F4	课堂教学能力	课堂管理能力（2、3、4），教学能力（5、6、7、8），教学设计能力（10、11、13）
F5	评价学生能力	考核评价能力（55、56、57、58、59、60）

上述 5 个因子可以分为两个维度：提升业务能力与开展教学能力，其中，

提升业务能力维度包括专业发展能力与社会服务能力，与第三章构建的高职教师胜任力初步模型对比，这两个因子基本吻合，因为高职教师的能力兼备技师、工程师与教师的能力。高职教师是一种专业性很强的混合型的职业。要成为一名优秀的高职教师，要求教师不但要对本专业有扎实的理论知识，而且要及时了解与掌握所教授专业或行业的最新生产技术、生产工艺，尤其当今世界处于科技迅猛发展阶段，我国也在经历经济转型、产业升级的时期，优秀的高职教师要非常重视自身的学习，不断补充新的知识与技能，成为理论上有一定造诣和实践经验丰富的学者型教师。此外，社会服务能力对高职教师至关重要，高职教师只有参与校企合作，拥有丰富的实践能力，才能及时将产业或企业技术发展的最新成果反馈到专业建设过程之中，进行工学交替、工学结合的人才培养模式改革，促进学校人才培养质量的提高。

开展教学能力维度包括实践教学能力、课堂教学能力和评价学生能力，与第三章构建的教师胜任力初步模型对比，这三个因子主要包含在初步模型中的教育与教学能力和人格特征两个因子之中，而优秀绩效教师人格特征因子的部分胜任特征融合到实践能力与专业发展能力之中，说明高职教师在专业发展与教学过程中需要体现爱岗敬业、责任心、沟通能力与成就导向的人格特征。这也验证了高职教师的人格特征就是教师在教学工作环境中持续表现出来的独特的个性品质。而开展教学能力维度在高职教师的胜任力模型之中非常凸出，该维度包括实践教学能力、课堂教学能力和评价学生能力三个因子，因为教学是职业院校教师的核心职责，教学能力是教师最基本的核心能力。与第三章研究构建的高职教师胜任力初步模型对比，开展教学能力维度有以下主要变化。

1. 教学能力得到强化

该维度尤其在强调课堂教学能力基础上，重视实践教学能力，这与高职教师的职能是紧密相关的，高职教师作为对实践能力要求较高的职业，应当有能力围绕专业与行业领域的热点与难点问题开展校企合作，在技术咨询、人员培训、产品研发等领域与企业或者政府展开合作，解决技术难题，并将研究成果及时转化为教学资源，进行实践教学；应当具备在真实或者模拟的生产情景下，进行项目教学与案例教学的能力，项目教学与案例教学法都是基于问题解决的教学模式，建构主义职业教育观就认为，基于问题解决的教学模式对教师的要求较高，要求教师在从事教学过程中，应当具备良好的人际沟通能力，指导学生团队工作的能力。应当具备较好的教学技能指导与培养学生解决问题的能力，也是高职教师与普通高等学校教师的重要区别之一。此外，美国、欧盟与澳大利亚的职业教育教师专业能力标准就非常重视从事职业教育教师的教学能力，尤其重视教师在教学过程中教学的计划、实施以及评价三个方面的能力。

2. 强调评价学生的能力

考核是教学中的重要环节之一，同时也是高职教育教学水平评估的重要组成部分，考核评价能力在欧盟、澳大利亚、美国的职业教育教师专业能力标准中都得以体现，这些能力标准要求高职教师能够围绕本专业相关的职业标准去设计考核内容，熟悉考核开发的程序与考核评价方法，能够采用多样考核评价方法对学生进行考核，能将考核结果及时对学生进行科学、合理的解释与反馈，能够运用学生评价结果评估与调节教学计划。同时，要素主义职业教育观也指出，职业教育教师所教授的技能，应当与企业所使用的技能完全一样。对学生的考核与评价，也应以企业或行业所实行的绩效标准来实行，因此教师必须了解与掌握行业或企业的绩效标准，乃至成为这方面的专家。最好能参与制定行业或企业标准的项目，并以此来考核学生的能力。

3. 没有强调科研能力

与高职教师胜任力初步模型相比，本书研究得出的模型也没有强调科研能力，这是因为，虽然科研能力是高职教师自身专业能力不断发展的必要条件，但一方面我国很多高职院校是由中专学校以及成人院校升级而来的，高职院校的专业教师同普通高等学校的教师相比，学历较低，基础较为薄弱，科研水平不高，而且由于高职教育目前处于快速发展与变革阶段，专业门类众多，课程体系较为复杂，一名教师往往承担不同科目与不同专业的教学任务，其教学任务与普通高等学校教师相比往往更加繁重，从而造成高职教师投入科研工作的精力不够，甚至无暇顾及科研工作。另一方面，我国高职教师目前还存在着在科研上"重学术论文发表，轻技术应用开发"的现象，这与我国高职院校常常以科研数量作为高职教师科研能力的考核标准有关，包括目前高职院校的职称评审体系，很多省市仍然沿用普通高等学校教师职称评审的标准，依据普通高等学校教师教学与科研的要求，重学术论文发表，轻技术应用开发，造成高职教师没有动力去从事行业与企业的技术应用、先进工艺、管理流程和管理制度等创新工作，而只是为了评更高一级的职称而埋头撰写学术论文。

在欧盟的职业教育教师专业能力标准中，科研能力被认为是职业教育教师的必备能力之一，更强调职业教育教师对科研项目立项与管理的能力，包括寻找研究经费的来源、经费预算、科研项目管理等能力，激励职业院校的教师依据自身的工作条件，积极从事行业与企业的技术应用、先进工艺、管理流程、管理制度等创新工作，发挥自身的专业优势，这对我国制定对高职教师开展科研工作的激励机制与高职教师职称评审的标准提供了参考。

最后，开展教学能力与提升业务能力两个维度有着密不可分、相辅相成的关系。开展教学能力是核心，开展教学能力能够促使高职教师对基础理论与教学方法进行反思与提升，也就是可以为提升业务能力提供动力，而提升业务能力是开展教学能力的基础，提升业务能力可以促进教学能力的提高。

三、保留题目的项目分析

根据前面探索性因子分析的结果，把最后保留下来的61个题项进行描述性统计并将它们组合成新量表，考察题目与新量表总分的相关性，结果如表4-8所示。

表4-8 所保留的题项描述性统计及题目与新量表总分相关性分析

项目	题号	平均值	标准差	题目与新量表总分的相关程度
课堂教学能力	2	4.42	0.655	0.515**
	3	4.28	0.807	0.479**
	4	4.17	0.746	0.533**
	5	4.46	0.667	0.499**
	6	4.40	0.670	0.579**
	7	4.23	0.733	0.534**
	8	4.10	0.719	0.540**
	10	4.27	0.693	0.550**
	11	4.28	0.616	0.622**
	13	4.36	0.705	0.531**

续表

项目	题号	平均值	标准差	题目与新量表总分的相关程度
社会服务能力	14	4.08	0.853	0.600**
	15	3.98	0.804	0.615**
	16	3.97	0.803	0.612**
	17	3.25	1.187	0.492**
	19	3.66	1.117	0.459**
	20	3.49	1.116	0.529**
	25	3.79	0.991	0.607**
	26	3.76	1.007	0.579**
	27	3.40	1.375	0.406**
	31	3.86	0.923	0.539**
	91	4.02	0.887	0.649**
	93	3.79	0.963	0.656**
实践教学能力	29	4.13	0.829	0.486**
	32	4.36	0.688	0.581**
	33	4.41	0.631	0.597**
	34	4.27	0.687	0.612**
	35	4.31	0.752	0.491**
	37	4.23	0.693	0.559**
	38	4.20	0.724	0.561**
	39	4.11	0.723	0.696**
	40	4.43	0.634	0.657**
	41	4.32	0.723	0.689**
	42	4.29	0.673	0.726**
	43	4.31	0.747	0.594**

续表

项目	题号	平均值	标准差	题目与新量表总分的相关程度
实践教学能力	44	4.31	0.706	0.633**
	45	4.24	0.863	0.465**
	47	4.08	0.855	0.431**
	48	4.04	0.773	0.706**
	49	4.25	0.677	0.736**
	51	4.16	0.735	0.694**
	53	4.13	0.785	0.684**
评价学生能力	55	3.87	1.019	0.574**
	56	4.14	0.791	0.643**
	57	4.31	0.700	0.673**
	58	4.25	0.722	0.668**
	59	4.02	0.851	0.652**
	60	4.15	0.813	0.573**
专业发展能力	79	4.29	0.661	0.706**
	81	4.17	0.833	0.575**
	83	4.08	0.700	0.618**
	84	4.30	0.614	0.675**
	85	4.33	0.621	0.687**
	86	4.26	0.673	0.685**
	87	4.20	0.706	0.705**
	88	4.12	0.736	0.618**
	89	4.14	0.808	0.584**
	94	4.21	0.671	0.640**
	96	4.35	0.615	0.647**
	97	4.15	0.645	0.538**
	98	4.35	0.628	0.651**
	100	4.16	0.712	0.719**

注：**表示在 0.01 水平上显著。

从表 4-8 的结果可知，经过探索性因子分析后保存下来的题项与其所组成的新量表总分之间的相关性均达到显著性水平，相关系数全部处在 0.4 到 0.75 之间，绝大多数位于 0.5 到 0.7 之间，属于"中高度相关"（$r=0.4$）的标准。这说明，探索性因子分析后保留下来的题目与其所构成的新量表具有较高的同质性。

四、高职教师胜任力结构效度的更进一步验证

1. 研究样本

研究工具为《高职教师胜任力测评问卷》，它是经过上述探索性因子分析后，凭借《高职教师胜任力调查问卷》剩下的题目重新编排而成的。这部分分析所用被试为剩余的另一半 349 份教师问卷。

2. 聚合效度与区分效度分析

量表的结构效度除探索性因子分析外，还有多种检验方法，这里首先采用聚合效度与区分效度这两个指标对量表的结构效度进行检验。聚合效度是通过考察各维度间的相关性来判断的，而区分效度则是通过对各维度分量表之间的相关性与各维度和总量表得分之间的相关性来进行判断的。这两类相关分析的结果如表 4-9 所示。

表 4-9 高职教师胜任力各维度分量表之间、各维度与总量表得分之间的相关系数

	实践教学能力	专业发展能力	课堂教学能力	评价学生能力	社会服务能力	总量表
实践教学能力	（0.933）					0.906**
专业发展能力	0.785**	（0.921）				0.870**
课堂教学能力	0.599**	0.528**	（0.891）			0.742**
评价学生能力	0.689**	0.685**	0.542**	（0.888）		0.792**
社会服务能力	0.593**	0.573**	0.529**	0.528**	（0.869）	0.805**

注：①**表示在 0.01 水平上显著。

②括号内为各能力领域内部的一致性系数（α系数）。

从表4–9可知，高职教师胜任力的5个维度彼此之间均存在显著相关，从相关系数来看，绝大多数位于0.5到0.7之间，表明各维度分量表之间存在显著的中等程度相关，且都低于各能力维度与总量表分数之间的相关系数，"有关心理测验的测量学属性研究表明，如果各分量表与总量表分数之间的相关系数均明显高出各分量表的相关系数，表明测验的结构效度良好"[134]。由此可以说明，本书研究中各能力维度对总量表有很好的贡献，同时各维度之间又能保持相对独立性，高职教师胜任力量表具有比较好的区分效度。

另外，各能力领域内部一致性系数（括号内数字）均高于该能力领域与其他能力领域之间的相关系数，表明各能力领域内部一致性比较好，但是各维度之间的相关程度相对低一些，再次说明每个维度具有相对独立性，能够与其他维度区分开来，能力项之间的归属较好，证明问卷具有较好的区分效度。

3. 验证性因子分析

为了更进一步验证由探索性因子分析得出的高职教师胜任力结构的合理性，并对其进行进一步完善，本书研究采用验证性因子分析（CFA）的方法对问卷的结构效度进行进一步的检验，并根据验证性因子分析的模型修饰指标（MI）对问卷结构进行进一步的调整，以形成最终的高职教师胜任力结构模型，并使之具有良好的信度和效度。这里进行验证性因子分析使用的软件是AMOS 20.0，参数估计方法为极大似然估计。评估结构方程模型质量的指标包括三类：绝对拟合统计量、增值拟合优度指标和简约拟合统计量。这里采用卡方值与自由度之比（χ^2/df）和RMSEA两个绝对拟合统计量指标。卡方值本身也是衡量模型拟合优度的指标，但由于卡方值极易受到样本量和待估参数个数的影响，因此通常不直接使用卡方值，而是使用卡方值与自由度的比值。卡方值与自由度比值（χ^2/df）小于1表示模型过度拟合，大于3表示模型拟合优度不佳，可以接受的范围是1～3。RMSEA全称叫作近似均方根误差（root mean square error of approximation），这项指标值越小，表示模型的拟合优度越好。当RMSEA小于0.08时，表示模型的拟合优度良好；当RMSEA小于0.05时，表示模型的拟合优度非常好。本书研究采用CFI和TLI两个增值拟合优度指标，这两个指标越接近1，表示模型的拟合优度越好；当CFI和TLI大于0.9时，表示模型的拟合优度较好。简约拟合统计量采用的是PNFI和PGFI两个指标，这两个指标的值越大，表示模型的拟合优度越好。一般来说，PNFI

和 PGFI 大于 0.5 是可以接受的范围[134]101-102。验证性因子分析的模型拟合指标如表 4-10 所示。

表 4-10　验证性因子分析的模型拟合指标

模型	χ^2	df	χ^2/df	RMSEA	CFI	TLI	PNFI	PGFI
缺省模型	3 855.587	1 759	2.192	0.059	0.840	0.833	0.713	0.680
饱和模型	0.000	0			1.000		0.000	
独立模型	14 930.121	1 830	8.159	0.143	0.000	0.000	0.000	0.100
缺省模型的判断标准			大于1小于3	小于0.08	大于0.9	大于0.9	大于0.5	大于0.5

表 4-10 结果显示，对于高职教师胜任力量表来说，卡方值为 3 855.587，自由度 df 为 1 759，卡方值与自由度 df 之比为 2.192，在 1～3 之间，表明模型拟合优度良好；RMSEA=0.059，小于 0.08，表示模型拟合优度良好；本书研究中的两个简约拟合统计量 PNFI 为 0.713，PGFI 为 0.680，都大于 0.5，均处于可接受的范围内；本书研究中使用的两个增值拟合优度指数 CFI 为 0.840，TLI 为 0.833，距离 0.9 这一临界值尚有一段距离，从这两个指标来看，模型的拟合优度还不够理想，尚有改进的空间。究其原因，认为有以下几点：①本书研究的能力结构由 5 个因子 61 个项目组成，相对来说较为复杂，这是造成部分适配度指标不甚理想的原因之一；②由于采用自评量表，被试者在作答时存在不可避免的"社会称许效应"，即被试者在填答时倾向于选择较高分数以符合社会称许效应。

本书研究的结构模型具有较强的理论基础和实践来源，虽然部分指标尚未达到最理想的拟合优度标准，但从上述信度、效度分析可知，无论是分量表还是总量表，皆具有较好的内部一致性信度，聚合效度和区分效度也很理想，该结构是可以接受的能力结构。但今后研究中应针对上述原因，着重在问卷语言表述方面加以改进，尽量控制社会称许效应的影响，改善模型的拟合优度。验证性因子分析中各因子载荷见表 4-11。

表 4-11 验证性因子分析中各因子载荷表

题项	实践教学能力	专业发展能力	社会服务能力	课堂教学能力	评价学生能力
A29	0.647				
A32	0.588				
A33	0.710				
A34	0.576				
A35	0.772				
A37	0.798				
A38	0.666				
A39	0.662				
A40	0.701				
A41	0.707				
A42	0.742				
A43	0.724				
A44	0.634				
A45	0.702				
A47	0.795				
A48	0.646				
A49	0.596				
A51	0.581				
A53	0.706				
A79		0.700			
A81		0.738			
A83		0.768			
A84		0.762			
A85		0.741			

续表

题项	实践教学能力	专业发展能力	社会服务能力	课堂教学能力	评价学生能力
A86		0.693			
A87		0.604			
A88		0.630			
A89		0.685			
A94		0.781			
A96		0.724			
A97		0.673			
A98		0.614			
A100		0.734			
A93			0.544		
A91			0.508		
A31			0.737		
A27			0.781		
A26			0.712		
A25			0.681		
A20			0.639		
A19			0.646		
A17			0.731		
A16			0.589		
A15			0.657		
A14			0.802		
A13				0.780	
A11				0.817	
A10				0.738	

续表

题项	实践教学能力	专业发展能力	社会服务能力	课堂教学能力	评价学生能力
A8				0.671	
A7				0.613	
A6				0.665	
A5				0.714	
A4				0.599	
A3				0.701	
A2				0.687	
A60					0.674
A59					0.758
A58					0.733
A57					0.772
A56					0.817
A55					0.729

因子载荷一方面反映测量误差的影响，因子载荷越高，测量误差越小；另一方面也反映了个别题目反映潜在变量的能力。对于因子载荷的评判，Tabachnica 和 Fidell 提出了以下标准：当因子载荷大于 0.71，即因子可以解释观察变量的 50%的变异量时，是非常理想的状况；当因子载荷大于 0.63，即因子可以解释观察变量的 40%的变异量时，是非常好的状况；当因子载荷大于 0.55，即因子可以解释观察变量的 30%的变异量时，是好的状况；当因子载荷大于 0.45，即因子可以解释观察变量的 20%的变异量时，是普通的状况；但当因子载荷小于 0.32，即该因子解释不到 10%的观察量变异量时，是非常不理想的状况[135]。由表 4−11 可知，本书研究中因子载荷在 0.508 和 0.817 之间，除了 91 题（因子载荷为 0.508）以及 93 题（因子载荷为 0.544）两题，其余题项因子载荷均在 0.55 以上，较好，其中 11 题与 56 题的因子载荷均为 0.817，居最高水平。验证性因子分析参数估计路径图见图 4−1。

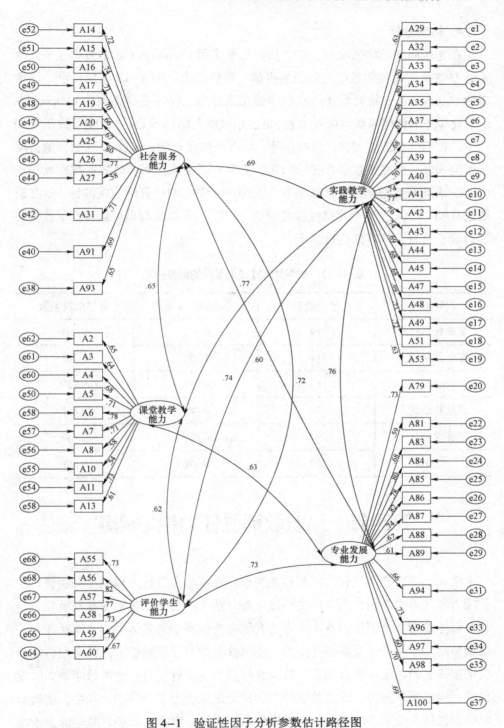

图 4-1 验证性因子分析参数估计路径图

4. 信度分析

在完成问卷结构效度的检验之后，这里采用 Cronbach's α 系数和分半信度系数来考察高职教师胜任力量表的内部一致性信度，表 4-12 结果显示，总量表的 Cronbach's α 系数为 0.970，分半信度系数为 0.889；各个维度的 Cronbach's α 系数和分半信度系数均超过 0.8。信度系数的判断标准是："信度系数在 0.50 以下，表明分量信度欠佳，最好删除；信度系数在 0.50～0.599，表明分量信度尚可但偏低，信度系数在 0.60～0.699，表明分量信度尚可；信度系数在 0.70～0.799，表明分量信度佳；信度系数在 0.80～0.899，表明分量信度甚佳；信度系数在 0.90 以上，表明分量信度非常理想。"[133]249 从这些数据可知，高职教师胜任力量表具有非常好的信度水平。

表 4-12　高职教师胜任力量表的信度检验

问卷维度	题目数量	Cronbach's α 系数	分半信度系数
实践教学能力	19	0.933	0.901
专业发展能力	14	0.921	0.881
社会服务能力	12	0.891	0.839
课堂教学能力	10	0.888	0.856
评价学生能力	6	0.869	0.843
总体	61	0.970	0.889

第四节　高职教师胜任力模型构建

至此，高职教师胜任力模型构建完成，高职教师胜任力模型结构由提升业务能力与开展教学能力两个维度构成。提升业务能力维度包括专业发展能力与社会服务能力 2 个因子，其中，专业发展能力包括语言表达能力、沟通能力、成就导向、学生专业发展指导能力、资讯收集能力 5 项胜任力；社会服务能力包括实践能力、工学结合能力、校企合作能力 3 项胜任力；开展教学能力维度包括：实践教学能力、课堂教学能力和评价学生能力 3 个因子，其中，实践教学能力包括专业知识、责任心、爱岗敬业、案例教学能力、项目教学能力 5 项胜任力；课堂教学能力包括课堂管理能力、教学能力、教学设计能力 3 项胜任力；评价学生能力包括考核评价能力 1 项胜任力。简言之，高职院校教师的专业能力结构由 2 个维度、5 个因子、17 项胜任力构成。高职教师胜任力模型如图 4-2 所示。

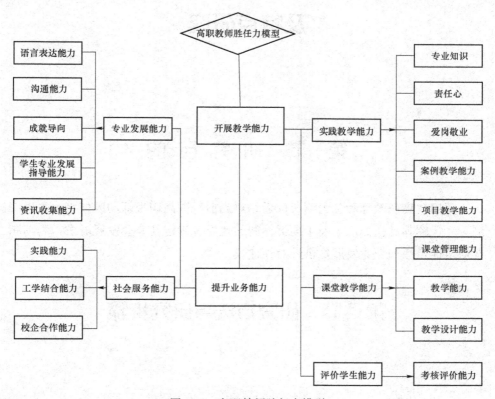

图 4-2 高职教师胜任力模型

第五章　高职教师胜任力水平及特点研究

第一节　研　究　目　的

采用《高职教师胜任力测评问卷》对当前我国高职教师的胜任力水平进行测量，了解其胜任力水平及不同群体间的差异、确定其专业发展需求，为高职教师培训及教师专业发展提供针对性建议。

第二节　研究方法与研究步骤

一、被试

本次调查采用简单随机抽样，第一种途径主要是通过熟人推荐，在北京、黑龙江、辽宁、广西、重庆、江苏、山东等省市高职院校发放问卷，第二种途径是在一个"高职院校专业教师教学能力培训班"发放问卷，两种途径共计发放问卷 1 000 份，回收 912 份，回收率为 91.2%，根据测谎题对被试者进行筛选，筛选问卷 55 份，以下统计结果以保留下来的 857 份问卷的数据为基础，有效率为 85.7%，样本基本信息如表 5-1 所示。

表 5-1　高职教师胜任力水平调查样本一览表

变量	组别	频数	百分比/%	合计	缺失值
学校获得荣誉称号	国家示范性（骨干）高职院校	7	41.18	17	0
	省级示范性（骨干）高职院校	7	41.18		
	无	3	17.64		
性别	男	342	40.14	852	5
	女	510	59.86		
年龄	30 岁及以下	165	19.57	843	14
	31～40 岁	464	55.05		
	41～50 岁	166	19.69		
	51 岁及以上	48	5.69		
教龄	0～3 年	131	16.44	797	60
	4～8 年	182	22.84		
	9～15 年	303	38.02		
	16～25 年	121	15.18		
	26 年及以上	60	7.52		
地区	东部	355	41.42	857	0
	中部	374	43.64		
	西部	128	14.94		
学历	本科	325	39.59	821	36
	硕士	471	57.37		
	博士	25	3.04		
职称	初级职称	132	16.10	820	37
	中级职称	389	47.44		
	高级职称	299	36.46		
荣誉称号	获得过省级以上荣誉称号	32	3.73	857	0
	未获得过省级以上荣誉称号	825	96.27		

续表

变量	组别	频数	百分比/%	合计	缺失值
职业资格等级证书	无职业资格证	137	16.49	831	26
	初级	80	9.63		
	中级	353	42.47		
	高级	261	31.41		

在本次抽取的有效样本中，高职教师的性别、教龄、学历、职称比例适中，被试者的专业领域如表 5-2 所示。

表 5-2　样本专业领域分布

专业领域	人数	百分比/%	专业领域	人数	百分比/%
农林牧渔大类	38	4.53	电子信息大类	91	10.86
资源环境与安全大类	77	9.19	财经商贸大类	194	23.15
能源动力与材料大类	13	1.55	旅游大类	45	5.37
土木建筑大类	56	6.68	文化艺术大类	37	4.42
装备制造大类	80	9.55	新闻传播大类	34	4.06
食品药品与粮食大类	40	4.77	教育与体育大类	70	8.35
交通运输大类	48	5.73	公共管理与服务大类	15	1.79
合计			838（缺失值：19）		

注：有 19 个有效样本没有填写专业。

从表 5-2 可知，对照 2015 年教育部颁布的普通高等学校高等职业教育（专科）专业目录发现，被调查高职教师的专业涉及专业目录中 18 个大类中的 14 个大类，其中人数居前三位的分别为：财经商贸类、电子信息大类和装备制造大类，与当前职业院校专业设置总体趋势吻合，抽样群体在上述各维度上具有较好的代表性，调查结果能较好地反映当前职业院校教师专业能力的整体水平。

二、研究工具

研究工具为经过验证的自编《高职教师胜任力测评问卷》，问卷分为两部分：第一部分为被调查者的年龄、学历、教龄、职称、任教学校等基本信息；第二部分为主体部分，共 61 个题项，分属于 5 个因子。问卷采用 Likert 5 级量表。对于实际水平的评价，采用符合程度来计分。1 表示题目中描述的行为与实际表现"完全不符合"，2 表示"基本不符合"，3 表示"有时候符合"，4 表示"基本符合"，5 表示"完全符合"，得分越高，表示专业能力水平越高。统计数据使用 SPSS 20.0 软件进行分析。

三、研究方法

问卷测验法与统计分析法。

四、研究步骤

1. 问卷施测
将所有问卷发放到各个测试点，由各高职院校的联系人组织测试。

2. 数据统计与处理
对所用问卷回收、整理，剔除无效问卷，安排专人录入数据，删去漏答、误答的数据，采用 SPSS 20.0 软件进行统计处理，对于所有被试者的胜任力水平主要采用描述统计；针对不同层次学校、不同学历、不同职称教师胜任力水平差异，主要采用独立样本 t 检验和方差分析法进行统计处理，从而了解目前高职教师胜任力水平现状，分析高职教师人口学特征与胜任力之间的关系。

第三节 结果分析

一、高职教师胜任力的基本情况

样本量为857的高职教师胜任力数据描述性统计分析结果如表5-3所示。高职教师胜任力的平均值为4.17分，按照量表等级水平，处于"基本符合"，说明目前高职教师胜任力整体水平较好。

表5-3 高职教师胜任力数据描述性统计分析结果

	样本量	最小值	最大值	平均值	标准差
高职教师胜任力	857	2.78	5	4.17	0.47
实践教学能力	857	1.74	5	4.26	0.51
专业发展能力	857	2.79	5	4.25	0.50
社会服务能力	857	1.50	5	3.74	0.73
课堂教学能力	857	1.00	5	4.30	0.50
评价学生能力	857	1.50	5	4.14	0.64

从图5-1可以看出，被调查的高职教师在"课堂教学能力"因子上平均得分最高，该因子得分为4.30分，平均得分超过4.25分的因子还有"实践教学能力"和"专业发展能力"。按照量表等级水平，处于"基本符合"，这样的分数也有可能由于存在社会赞许效应，被试教师往往倾向于高估自己，对自己的评价更高一些。从整体来看，他们的"课堂教学能力"、"实践教学能力"、"专业发展能力"以及"评价学生能力"比较好，平均得分最低的是"社会服务能力"，该因子平均得分只有3.74分，而且是高职教师胜任力中唯一一个低于4分的因子。究其原因，可能是高职教育目前是采用工学结合、工学交替的人才培养模式。教师的社会服务能力非常重要，这也是高职教师与普通高等学校教师的重要区别，现实是高职教师普遍缺乏实践经验，缺乏校企合作的能力，导致高职教师的社会服务能力偏弱，这是今后高职教师培养需要解决的重要问题之一。

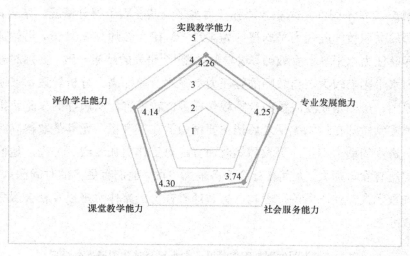

图 5-1　高职教师胜任力的各因子平均得分情况

二、不同群体高职教师的胜任力水平

（一）不同性别高职教师胜任力水平的差异

表 5-4 是不同性别高职教师胜任力水平的独立样本 t 检验结果，结果显示不同性别高职教师在胜任力的整体水平与"社会服务能力"上存在显著差异。

表 5-4　不同性别高职教师胜任力水平的独立样本 t 检验结果

	t	df	p
高职教师胜任力	2.517	850	0.012*
实践教学能力	−0.084	850	0.933
专业发展能力	1.707	850	0.088
社会服务能力	4.893	850	0.000***
课堂教学能力	1.956	850	0.051
评价学生能力	1.176	850	0.240

注：*表示在 0.05 水平上显著，***表示在 0.001 水平上显著。

表 5-5 是不同性别高职教师胜任力水平及其各因子得分情况。结果显示，男教师的高职教师胜任力平均得分为 4.22 分，比女教师高 0.08 分，男教师的高职教师胜任力水平高于女教师。这与姜姗姗[136]研究的结果一致：性别对教师的胜任力水平影响较大，男教师的胜任力水平比女教师高。分析导致本书研究结果的原因，可能是职业院校的教师教学任务比较繁重，女教师的家庭负担比较重，很多女教师在结婚生子之后把主要精力放在了家里，尤其是取得高级职称之后，进步的动力不足。男教师相对而言，对工作更加专心、努力，他们的家庭负担没有女教师大，尤其在社会服务能力方面，他们有更多的时间深入行业、企业调查研究，挂职锻炼，因此，男教师胜任力的整体水平以及社会服务能力比女教师强。

表 5-5 不同性别高职教师胜任力水平及其各因子得分情况

	性别	样本量	平均值	标准差
高职教师胜任力	男	342	4.22	0.48
	女	510	4.14	0.47
实践教学能力	男	342	4.26	0.54
	女	510	4.26	0.48
专业发展能力	男	342	4.29	0.50
	女	510	4.23	0.49
社会服务能力	男	342	3.88	0.75
	女	510	3.64	0.69
课堂教学能力	男	342	4.34	0.49
	女	510	4.28	0.50
评价学生能力	男	342	4.17	0.67
	女	510	4.12	0.62

（二）不同年龄高职教师胜任力水平的差异分析

表 5-6 是不同年龄高职教师胜任力水平及其各因子的方差分析结果。结果显示，不同年龄高职教师在胜任力整体水平及其各因子上均存在显著差异。说明年龄对高职教师的胜任力水平有着显著的影响。

表5-6 不同年龄高职教师胜任力水平及其各因子方差分析结果

		平方和	自由度	均方	F	显著性
高职教师胜任力	组间	6.5	3	2.176	9.897	0.000***
	组内	184.5	839	0.220		
	总计	191.0	842			
实践教学能力	组间	5.7	3	1.887	7.448	0.000***
	组内	212.6	839	0.253		
	总计	218.2	842			
专业发展能力	组间	5.1	3	1.699	7.054	0.000***
	组内	202.0	839	0.241		
	总计	207.1	842			
社会服务能力	组间	20.0	3	6.671	13.208	0.000***
	组内	423.7	839	0.505		
	总计	443.7	842			
课堂教学能力	组间	5.8	3	1.939	7.983	0.000***
	组内	203.8	839	0.243		
	总计	209.6	842			
评价学生能力	组间	3.8	3	1.258	3.050	0.028*
	组内	346.0	839	0.412		
	总计	349.8	842			

注：*表示在0.05水平上显著，***表示在0.001水平上显著。

表5-7是不同年龄高职教师胜任力水平及其各因子得分情况。结果显示，不同年龄高职教师在胜任力水平上的差异主要表现为，年龄在30岁及以下的高职教师胜任力水平显著低于其他年龄的高职教师。年龄在50岁以下的高职教师，年龄与各项胜任力水平呈现正相关，年龄越大，各项胜任力水平越高；年龄在41～50岁的高职教师，除了专业发展能力比51岁以上的高职教师低0.04分，其余各项胜任力水平都是最高的。这与李玉华[137]、罗小兰[129]110-112等的研究结果一致：高职教师胜任力水平在40岁以后达到一个高峰，年龄在41～50

岁的高职教师胜任力水平得分最高。而年龄在 51 岁以上的高职教师胜任力水平有所降低，可能是由于长期教学工作承担较大的压力，临近退休，产生了职业倦怠所致。而其"专业发展能力"高于其他年龄段的高职教师，这是因为随着年龄的增长，通过不断学习以及长期教学实践的积累，其学识、教学能力、专业能力都达到了最好的阶段。

表 5-7　不同年龄高职教师胜任力水平及其各因子得分情况

	年龄	样本量	平均值	标准差
高职教师胜任力	30 岁及以下	165	4.00	0.45
	31～40 岁	464	4.19	0.48
	41～50 岁	166	4.26	0.46
	51 岁及以上	48	4.25	0.47
实践教学能力	30 岁及以下	165	4.11	0.52
	31～40 岁	464	4.27	0.50
	41～50 岁	166	4.35	0.48
	51 岁及以上	48	4.35	0.54
专业发展能力	30 岁及以下	165	4.11	0.45
	31～40 岁	464	4.26	0.49
	41～50 岁	166	4.33	0.52
	51 岁及以上	48	4.37	0.54
社会服务能力	30 岁及以下	165	3.46	0.67
	31～40 岁	464	3.76	0.73
	41～50 岁	166	3.93	0.72
	51 岁及以上	48	3.90	0.59
课堂教学能力	30 岁及以下	165	4.14	0.57
	31～40 岁	464	4.32	0.49
	41～50 岁	166	4.40	0.39
	51 岁及以上	48	4.32	0.57
评价学生能力	30 岁及以下	165	4.00	0.59
	31～40 岁	464	4.15	0.67
	41～50 岁	166	4.16	0.67
	51 岁及以上	48	4.15	0.67

（三）不同教龄高职教师胜任力水平的差异分析

表 5-8 是不同教龄高职教师胜任力水平方差分析结果。结果显示，不同教龄高职教师在胜任力整体水平及"实践教学能力""专业发展能力""社会服务能力"4 个因子上均存在显著差异。说明教龄对高职教师胜任力水平有着显著的影响。

表 5-8　不同教龄高职教师胜任力水平方差分析结果

		平方和	自由度	均方	F	显著性
高职教师胜任力	组间	4.4	4	1.109	5.013	0.001**
	组内	175.2	792	0.221		
	总计	179.6	796			
实践教学能力	组间	3.6	4	0.891	3.536	0.007**
	组内	199.6	792	0.252		
	总计	203.2	796			
专业发展能力	组间	5.6	4	1.390	5.809	0.000***
	组内	189.5	792	0.239		
	总计	195.0	796			
社会服务能力	组间	10.2	4	2.550	4.944	0.001**
	组内	408.5	792	0.516		
	总计	418.7	796			
课堂教学能力	组间	4.0	4	1.008	4.675	0.001**
	组内	170.8	792	0.216		
	总计	174.8	796			
评价学生能力	组间	2.3	4	0.572	1.352	0.249
	组内	335.1	792	0.423		
	总计	337.4	796			

注：**表示在 0.01 水平上显著，***表示在 0.001 水平上显著。

表 5-9 是不同教龄高职教师胜任力水平及其各因子得分情况。结果表明，不同教龄高职教师胜任力水平的差异主要表现在教龄为 0～3 年的高职教师其胜

任力水平显著低于其他教龄段的高职教师。教龄与各项胜任力基本呈现正相关，教龄越长，各项胜任力水平越高，这与连榕[138]的研究结果一致：教师进入成长期至少需要 5～7 年，而真正成为具有丰富教学经验、较强教学能力和反思能力的学者大约需要 20 年，一位教师只有从教 20 年左右，教师的胜任力水平才能达到高峰，本书研究也验证了这一观点。教龄在 26 年以上的高职教师各项胜任力都是最高的。

表 5-9   不同教龄高职教师胜任力水平及其各因子得分情况

	教龄	样本量	平均值	标准差
高职教师胜任力	0～3 年	131	4.03	0.43
	4～8 年	182	4.16	0.53
	9～15 年	303	4.18	0.47
	16～25 年	121	4.22	0.43
	26 年及以上	60	4.34	0.42
实践教学能力	0～3 年	131	4.15	0.49
	4～8 年	182	4.24	0.56
	9～15 年	303	4.26	0.49
	16～25 年	121	4.30	0.46
	26 年及以上	60	4.43	0.49
专业发展能力	0～3 年	131	4.12	0.44
	4～8 年	182	4.23	0.54
	9～15 年	303	4.24	0.48
	16～25 年	121	4.30	0.48
	26 年及以上	60	4.48	0.47
社会服务能力	0～3 年	131	3.51	0.63
	4～8 年	182	3.75	0.79
	9～15 年	303	3.74	0.72
	16～25 年	121	3.82	0.72
	26 年及以上	60	3.94	0.60

续表

	教龄	样本量	平均值	标准差
课堂教学能力	0～3 年	131	4.19	0.45
	4～8 年	182	4.29	0.51
	9～15 年	303	4.32	0.46
	16～25 年	121	4.39	0.40
	26 年及以上	60	4.46	0.47
评价学生能力	0～3 年	131	4.02	0.58
	4～8 年	182	4.17	0.67
	9～15 年	303	4.15	0.67
	16～25 年	121	4.16	0.64
	26 年及以上	60	4.18	0.61

（四）不同类型高职院校高职教师胜任力水平的差异分析

表 5-10 是不同类型高职院校高职教师胜任力水平方差分析结果。结果显示，国家示范校（骨干校）、省级示范校（骨干校）与非示范校在高职教师胜任力整体水平及"社会服务能力""课堂教学能力""评价学生能力"3 个因子上均存在显著差异。

表 5-10　不同类型高职院校高职教师胜任力水平方差分析结果

		平方和	自由度	均方	F	显著性
高职教师胜任力	组间	2.6	2	1.309	5.871	0.003**
	组内	190.4	854	0.223		
	总计	193.0	856			
实践教学能力	组间	0.2	2	0.111	0.429	0.651
	组内	220.3	854	0.258		
	总计	220.5	856			

续表

		平方和	自由度	均方	F	显著性
专业发展能力	组间	0.9	2	0.449	1.833	0.161
	组内	209.2	854	0.245		
	总计	210.1	856			
社会服务能力	组间	24.8	2	12.417	24.927	0.000***
	组内	425.4	854	0.498		
	总计	450.3	856			
课堂教学能力	组间	2.4	2	1.210	4.898	0.008**
	组内	210.9	854	0.247		
	总计	213.4	856			
评价学生能力	组间	12.0	2	5.999	15.009	0.000***
	组内	341.3	854	0.400		
	总计	353.3	856			

注：**表示在 0.01 水平上显著，***表示在 0.001 水平上显著。

表 5-11 是不同类型高职院校的高职教师胜任力平均得分情况。结果显示，不同类型高职院校的高职教师在胜任力水平方面的差异主要表现在国家示范（骨干）校教师的平均得分显著高于其他类型院校的教师，这说明自 2006 年教育部和财政部启动的"国家示范性高等职业院校建设计划"以及 2010 年启动的"国家示范性高等职业院校建设计划"骨干高职院校建设项目以来，共计支持了 209 所高职院校（国家示范校 109 所，骨干校 100 所）的建设，在国家示范校（骨干校）建设过程中，各省、区、市也启动了本地区的示范校（骨干校）建设，该建设项目对高职教师的师资培养起到了很好的作用。在示范校（骨干校）建设过程中，除要求领导能力，专业建设，社会服务等领域比其他高职院校要领先外，还要求重点在师资队伍建设、实验实训基地建设等方面取得很大的发展。本书研究结果也证明，该建设项目的执行对示范校（骨干校）的师资培养起到了比较大的作用。

表 5-11　不同类型高职院校的高职教师胜任力平均得分情况

	院校类型	个案数	平均值	标准差
高职教师胜任力	国家示范校（骨干校）	402	4.23	0.48
	省级示范校（骨干校）	242	4.14	0.49
	非示范校	213	4.10	0.44
实践教学能力	国家示范校（骨干校）	402	4.26	0.50
	省级示范校（骨干校）	242	4.28	0.55
	非示范校	213	4.24	0.46
专业发展能力	国家示范校（骨干校）	402	4.28	0.47
	省级示范校（骨干校）	242	4.26	0.53
	非示范校	213	4.20	0.50
社会服务能力	国家示范校（骨干校）	402	3.91	0.70
	省级示范校（骨干校）	242	3.62	0.73
	非示范校	213	3.53	0.69
课堂教学能力	国家示范校（骨干校）	402	4.35	0.50
	省级示范校（骨干校）	242	4.28	0.50
	非示范校	213	4.22	0.49
评价学生能力	国家示范校（骨干校）	402	4.26	0.58
	省级示范校（骨干校）	242	4.03	0.67
	非示范校	213	4.02	0.68

（五）不同职称高职教师胜任力水平的差异分析

表 5-12 是不同职称高职教师胜任力水平单因子方差分析结果。结果显示，不同职称的高职教师在胜任力整体水平及"实践教学能力""专业发展能力""社会服务能力""课堂教学能力""评价学生能力"5 个因子上都存在显著差异。

表 5-12　不同职称高职教师胜任力水平单因子方差分析结果

		平方和	自由度	均方	F	显著性
高职教师胜任力	组间	4.0	2	1.999	8.963	0.000***
	组内	182.2	817	0.223		
	总计	186.2	819			
实践教学能力	组间	4.5	2	2.268	8.896	0.000***
	组内	208.3	817	0.255		
	总计	212.9	819			
专业发展能力	组间	2.8	2	1.417	5.788	0.003**
	组内	200.0	817	0.245		
	总计	202.9	819			
社会服务能力	组间	15.8	2	7.912	15.423	0.000***
	组内	419.1	817	0.513		
	总计	434.9	819			
课堂教学能力	组间	3.5	2	1.767	7.035	0.001**
	组内	205.3	817	0.251		
	总计	208.8	819			
评价学生能力	组间	3.7	2	1.870	4.512	0.011*
	组内	338.6	817	0.414		
	总计	342.3	819			

注：*表示在 0.05 水平上显著，**表示在 0.01 水平上显著，***表示在 0.001 水平上显著。

表 5-13 是不同职称高职教师胜任力平均得分情况。结果显示，不同职称高职教师在胜任力水平方面的差异主要表现为：高职教师的职称越高，胜任力水平越高，除了"评价学生能力"中级职称教师的平均分比高级职称教师高 0.06，其他各项高级职称教师的平均分明显高于中级职称与初级职称的教师，这和高职教师的教龄与年龄对胜任力水平的影响一致，原因可能有三点。一是同教龄与年龄有关，我国的高校教师职称评价系统明文规定教师从事相关教学工作必

须要达到一定年限才有资格晋升职称。二是教师职称晋升评定还是非常严谨的，要求教师必须有较高水平的教学、科研和工作绩效，因此，教师的职称越高，其教学、科研水平越高，工作绩效越好，这也说明高职教师的职称也是测评高职教师胜任力水平的一个有效指标。三是由于高级职称的教师科研、教学任务比较重，他们还都是学院的业务骨干，承担着专业建设，带领团队的任务。由于精力有限，因此其"评价学生能力"比中级职称教师稍弱。

表 5-13　不同职称高职教师胜任力平均得分情况

	职称	个案数	平均值	标准差
高职教师胜任力	初级职称	132	4.03	0.49
	中级职称	389	4.18	0.48
	高级职称	299	4.24	0.46
实践教学能力	初级职称	132	4.10	0.55
	中级职称	389	4.29	0.50
	高级职称	299	4.31	0.49
专业发展能力	初级职称	132	4.14	0.47
	中级职称	389	4.25	0.50
	高级职称	299	4.32	0.50
社会服务能力	初级职称	132	3.52	0.72
	中级职称	389	3.68	0.73
	高级职称	299	3.91	0.69
课堂教学能力	初级职称	132	4.17	0.49
	中级职称	389	4.30	0.51
	高级职称	299	4.37	0.49
评价学生能力	初级职称	132	4.00	0.65
	中级职称	389	4.19	0.63
	高级职称	299	4.13	0.66

（六）不同学历高职教师胜任力水平的差异分析

表 5–14 是不同学历高职教师胜任力水平单因子方差分析结果。结果显示，不同学历高职教师在胜任力整体水平及其各因子上均不存在显著差异。这可能是由于近几年，随着高等教育的普及，毛入学率越来越高，高等教育也由精英教育转化为大众教育，目前很多高职院校招收专业高职教师的标准之一就是要求硕士以上学历，因此，新入职高职教师有一定的理论基础和学习能力，高职教师的学历对胜任力影响不显著，这与 McClelland 的观点基本一致：受教育程度的高低不能准确地预测教师胜任力水平，受教育的年限也不能预测职业的成功[8]。同时也验证了 Arrow 的观点，即较高教育水平对于获得更好的经济成就毫无益处，它既不能增加认知能力，也不能增加社会化程度[139]。

表 5–14　不同学历高职教师胜任力水平单因子方差分析结果

		平方和	自由度	均方	F	显著性
高职教师胜任力	组间	0.2	2	0.092	0.402	0.669
	组内	187.9	818	0.230		
	总计	188.1	820			
实践教学能力	组间	0.2	2	0.088	0.334	0.716
	组内	215.4	818	0.263		
	总计	215.6	820			
专业发展能力	组间	0.5	2	0.249	1.000	0.368
	组内	203.6	818	0.249		
	总计	204.0	820			
社会服务能力	组间	0.5	2	0.232	0.435	0.647
	组内	436.5	818	0.534		
	总计	437.0	820			
课堂教学能力	组间	0.1	2	0.032	0.128	0.880
	组内	204.8	818	0.250		
	总计	204.9	820			

		平方和	自由度	均方	F	显著性
评价学生能力	组间	1.0	2	0.524	1.240	0.290
	组内	345.7	818	0.423		
	总计	346.7	820			

（七）有无省级以上荣誉称号的高职教师胜任力水平差异分析

表 5–15 是有无省级以上荣誉称号的高职教师胜任力水平的独立样本 t 检验结果。结果显示，获得过省级以上荣誉称号的高职教师与没有获得过省级以上荣誉称号的高职教师相比较，在胜任力的整体水平及"实践教学能力""专业发展能力""社会服务能力""课堂教学能力"上的平均得分均存在显著差异。

表 5–15　有无省级以上荣誉称号的高职教师胜任力水平的独立样本 t 检验结果

	t	df	显著性
高职教师胜任力	4.247	855	0.000***
实践教学能力	4.176	855	0.000***
专业发展能力	5.149	855	0.000***
社会服务能力	2.227	855	0.026*
课堂教学能力	3.432	855	0.001**
评价学生能力	1.818	855	0.069

注：*表示在 0.05 水平上显著，**表示在 0.01 水平上显著，***表示在 0.001 水平上显著。

表 5–16 是有无省级以上荣誉称号的高职教师胜任力水平得分情况。结果显示，获得过省级以上荣誉称号的高职教师在胜任力的整体水平及其各因子上的平均得分均超过了未获得过省级以上荣誉称号的高职教师，这更进一步验证了本书研究所使用的量表具有良好的信度与效度，高职教师的胜任力量表可以有效地区分开优秀绩效教师与普通绩效教师，优秀绩效高职教师在胜任力整体水平及其中各个因子上均高于普通绩效教师，这更进一步证明，胜任力作为人们履行工作职责的行为表现，与工作绩效存在某种形式的因果关系[140]。

表 5-16　有无省级以上荣誉称号的高职教师胜任力水平得分情况

	荣誉	个案数	平均值	标准差
高职教师胜任力	获得过省级以上荣誉称号	32	4.52	0.31
	未获得过省级以上荣誉称号	825	4.16	0.48
实践教学能力	获得过省级以上荣誉称号	32	4.62	0.28
	未获得过省级以上荣誉称号	825	4.25	0.51
专业发展能力	获得过省级以上荣誉称号	32	4.69	0.30
	未获得过省级以上荣誉称号	825	4.24	0.49
社会服务能力	获得过省级以上荣誉称号	32	4.02	0.92
	未获得过省级以上荣誉称号	825	3.73	0.71
课堂教学能力	获得过省级以上荣誉称号	32	4.59	0.35
	未获得过省级以上荣誉称号	825	4.29	0.50
评价学生能力	获得过省级以上荣誉称号	32	4.34	0.52
	未获得过省级以上荣誉称号	825	4.13	0.65

（八）不同职业资格等级状况的高职教师的胜任力水平差异分析

表 5-17 是不同职业资格等级状况的高职教师胜任力水平单因子方差分析结果。结果显示，不同职业资格等级状况的高职教师在胜任力水平及其各因子上的平均得分均存在显著差异。

表 5-17　不同职业资格等级状况的高职教师胜任力水平单因子方差分析结果

		平方和	自由度	均方	F	显著性
高职教师胜任力	组间	5.8	3	1.936	8.789	0.000***
	组内	182.2	827	0.220		
	总计	188.0	830			
实践教学能力	组间	6.6	3	2.206	8.706	0.000***
	组内	209.5	827	0.253		
	总计	216.1	830			

续表

		平方和	自由度	均方	F	显著性
专业发展能力	组间	4.0	3	1.346	5.565	0.001**
	组内	200.1	827	0.242		
	总计	204.1	830			
社会服务能力	组间	15.5	3	5.181	10.091	0.000***
	组内	424.6	827	0.513		
	总计	440.2	830			
课堂教学能力	组间	6.2	3	2.051	8.469	0.000***
	组内	200.3	827	0.242		
	总计	206.4	830			
评价学生能力	组间	5.0	3	1.664	4.044	0.007**
	组内	340.2	827	0.411		
	总计	345.2	830			

注：**表示在 0.01 水平上显著，***表示在 0.001 水平上显著。

表 5-18 是不同等级职业资格证书的高职教师胜任力水平得分情况。结果显示，无职业资格证书与拥有不同职业资格等级证书的高职教师的胜任力在整体水平上呈现递增趋势，但除了"社会服务能力"，在教师胜任力平均值与其他 4 个因子的平均值上，无职业资格证书的高职教师比有初级证书的高职教师高，这可能是有些被调查的高职教师因为疏忽，有了职业资格证书也没有填写该项内容。表 5-18 中的结果说明，高职教师拥有的职业资格证书对高职教师的胜任力水平影响显著，这证明对高职教师实践能力要求很高，职业资格证书是检验高职教师实践能力的一个有效指标，同时，高职教师是否拥有以及拥有何种等级的职业资格证书也可以成为测评高职教师胜任力水平的又一个有效指标。

表 5-18 不同等级职业资格证书的高职教师胜任力水平得分情况

		个案数	平均值	标准差
高职教师胜任力	无职业资格证书	137	4.06	0.45
	初级证书	80	4.05	0.53
	中级证书	353	4.16	0.48
	高级证书	261	4.28	0.44

续表

		个案数	平均值	标准差
实践教学能力	无职业资格证书	137	4.18	0.52
	初级证书	80	4.15	0.57
	中级证书	353	4.22	0.52
	高级证书	261	4.39	0.45
专业发展能力	无职业资格证书	137	4.18	0.50
	初级证书	80	4.13	0.48
	中级证书	353	4.24	0.51
	高级证书	261	4.34	0.47
社会服务能力	无职业资格证书	137	3.51	0.63
	初级证书	80	3.60	0.79
	中级证书	353	3.74	0.71
	高级证书	261	3.90	0.74
课堂教学能力	无职业资格证书	137	4.18	0.48
	初级证书	80	4.15	0.52
	中级证书	353	4.30	0.51
	高级证书	261	4.40	0.46
评价学生能力	无职业资格证书	137	4.03	0.66
	初级证书	80	3.98	0.67
	中级证书	353	4.17	0.63
	高级证书	261	4.20	0.64

（九）企业工作经历不同的高职教师胜任力水平差异分析

表5-19是企业工作经历不同的高职教师胜任力水平单因子方差分析结果。结果显示，企业工作经历不同的高职教师在"社会服务能力"的平均得分上存在显著差异。

表5-19　企业工作经历不同的高职教师胜任力水平单因子方差分析结果

		平方和	自由度	均方	F	显著性
高职教师胜任力	组间	1.0	3	0.321	1.381	0.247
	组内	171.3	737	0.232		
	总计	172.2	740			
实践教学能力	组间	1.5	3	0.514	1.988	0.114
	组内	190.4	737	0.258		
	总计	191.9	740			
专业发展能力	组间	0.1	3	0.045	0.185	0.907
	组内	180.6	737	0.245		
	总计	180.7	740			
社会服务能力	组间	14.2	3	4.747	8.879	0.000***
	组内	394.0	737	0.535		
	总计	408.2	740			
课堂教学能力	组间	0.4	3	0.121	0.521	0.668
	组内	170.4	737	0.231		
	总计	170.8	740			
评价学生能力	组间	0.7	3	0.219	0.508	0.677
	组内	317.9	737	0.431		
	总计	318.6	740			

注：***表示在 0.001 水平上显著。

表 5-20 是企业工作经历不同的高职教师胜任力水平得分情况。结果显示，高职教师的企业工作经历越多，胜任力的整体水平以及"社会服务能力"呈递增趋势，这说明高职教师的企业工作经历越多，社会服务能力也就越强。

表 5-20　企业工作经历不同的高职教师胜任力水平得分情况

		个案数	平均值	标准差
高职教师胜任力	无企业工作经历	612	4.16	0.48
	3 年以下	66	4.21	0.46
	4～8 年	36	4.25	0.65
	9 年及以上	27	4.32	0.42
实践教学能力	无企业工作经历	612	4.26	0.51
	3 年以下	66	4.31	0.45
	4～8 年	36	4.29	0.67
	9 年及以上	27	4.49	0.41
专业发展能力	无企业工作经历	612	4.25	0.49
	3 年以下	66	4.29	0.46
	4～8 年	36	4.30	0.66
	9 年及以上	27	4.26	0.42
社会服务能力	无企业工作经历	612	3.65	0.74
	3 年以下	66	3.87	0.71
	4～8 年	36	4.08	0.70
	9 年及以上	27	4.15	0.70
课堂教学能力	无企业工作经历	612	4.32	0.47
	3 年以下	66	4.26	0.48
	4～8 年	36	4.24	0.66
	9 年及以上	27	4.30	0.44
评价学生能力	无企业工作经历	612	4.15	0.65
	3 年以下	66	4.06	0.72
	4～8 年	36	4.21	0.71
	9 年及以上	27	4.12	0.68

（十）兼职经历不同的高职教师胜任力水平差异分析

表 5-21 是兼职经历不同的高职教师胜任力水平独立样本 t 检验结果。结果显示，兼职经历不同的高职教师在"社会服务能力"因子上的平均得分存在显著差异。

表 5-21　兼职经历不同的高职教师胜任力水平独立样本 t 检验结果

	t	df	显著性
高职教师胜任力	0.809	847	0.418
实践教学能力	−0.644	847	0.520
专业发展能力	−1.009	847	0.313
社会服务能力	4.717	847	0.000***
课堂教学能力	0.464	847	0.643
评价学生能力	0.700	847	0.484

注：***表示在 0.001 水平上显著。

表 5-22 是兼职经历不同的高职教师胜任力水平得分情况。结果显示，有过兼职经历的高职教师在"社会服务能力"因子上平均得分为 4.00 分，比没有兼职经历的高职教师高 0.32 分。证明高职教师的兼职经历对于提高其社会服务能力有着很大的影响。

表 5-22　不同兼职经历的高职教师胜任力水平得分情况

	兼职经历	个案数	平均值	标准差
高职教师胜任力	有	136	4.20	0.44
	无	713	4.16	0.48
实践教学能力	有	136	4.23	0.48
	无	713	4.26	0.51
专业发展能力	有	136	4.21	0.50
	无	713	4.26	0.49
社会服务能力	有	136	4.00	0.60
	无	713	3.68	0.73
课堂教学能力	有	136	4.32	0.45
	无	713	4.30	0.51
评价学生能力	有	136	4.17	0.60
	无	713	4.13	0.65

（十一）工作量不同的高职教师胜任力水平情况

表 5-23 是工作量不同的高职教师胜任力水平多因子方差分析结果。结果显示，高职教师每年任教的专业课门数（年专业课数）和每周课时数（周课时数）对于高职教师的胜任力水平及其各因子上的表现均存在显著的交互作用效应。

表 5-23　工作量不同的高职教师胜任力水平多因子方差分析结果

		自由度	均方	F	显著性
高职教师胜任力	年专业课数	5	0.210	1.003	0.415
	周课时数	5	0.115	0.551	0.737
	年专业课数×周课时数	18	0.625	2.992	0.000***
实践教学能力	年专业课数	5	0.337	1.427	0.212
	周课时数	5	0.204	0.866	0.504
	年专业课数×周课时数	18	0.780	3.303	0.000***
专业发展能力	年专业课数	5	0.400	1.728	0.126
	周课时数	5	0.132	0.570	0.723
	年专业课数×周课时数	18	0.564	2.434	0.001**
社会服务能力	年专业课数	5	0.113	0.227	0.951
	周课时数	5	0.141	0.281	0.923
	年专业课数×周课时数	18	1.204	2.409	0.001**
课堂教学能力	年专业课数	5	0.833	3.653	0.003**
	周课时数	5	1.206	5.288	0.000***
	年专业课数×周课时数	18	0.783	3.434	0.000***
评价学生能力	年专业课数	5	0.364	0.934	0.458
	周课时数	5	0.278	0.714	0.613
	年专业课数×周课时数	18	0.882	2.263	0.002**

注：**表示在 0.01 水平上显著，***表示在 0.001 水平上显著。

从图 5-2 看，在"高职教师胜任力"方面，对于一学年只任教 1 门专业课，周课时数在 10～15 节的高职教师，其胜任力平均得分大幅高于其他高职教师；对于一学年任教 2 门专业课，周课时数在 10 节以下及 10～15 节的高职教师，其胜任力平均得分相对较高；对于一学年任教 3 门专业课，周课时数在 16～20 节的高职教师，其胜任力平均得分高于其他高职教师；对于一学年任教 4 门专业课，周课时数在 16～20 节的高职教师，其胜任力平均得分最高；对于一学年任教 5 门及以上专业课，周课时数超过 20 节的高职教师，其胜任力的平均得分最高。总的来看，在一学年任教 2～4 门专业课的高职教师中，周课时数超过 20 节的高职教师胜任力平均得分均为最低。

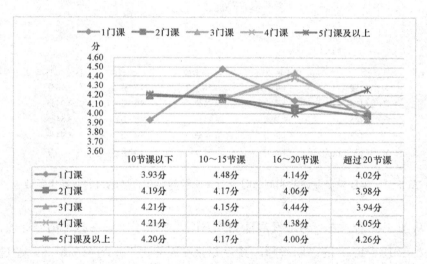

	10节课以下	10～15节课	16～20节课	超过20节课
1门课	3.93分	4.48分	4.14分	4.02分
2门课	4.19分	4.17分	4.06分	3.98分
3门课	4.21分	4.15分	4.44分	3.94分
4门课	4.21分	4.16分	4.38分	4.05分
5门课及以上	4.20分	4.17分	4.00分	4.26分

图 5-2　年任教专业课数和周课时数对高职教师胜任力的交互作用效应

从图 5-3 看，在"实践教学能力"方面，对于一学年任教 1 门专业课，周课时数为 10～15 节和 16～20 节的高职教师，其"实践教学能力"大幅高于其他高职教师；对于一学年任教 2 门专业课，周课时数在 10 节以下的高职教师，其"实践教学能力"平均得分最高，周课时数超过 20 节，其"实践教学能力"平均得分最低；对于一学年任教 3 门专业课，周课时数在 16～20 节的高职教师，其"实践教学能力"平均得分高达 4.53 分，远高于其他高职教师；对于一学年任教 4 门专业课，周课时数在 16～20 节的高职教师，其"实践教学能力"平均得分高于其他教师；对于一学年任教在5门及以上专业课，周课时数在10～15节和超过20节的高职教师，其"实践教学能力"平均得分在4.3分以上，高于其他高职教师。总的来说，对于一学年任教2～4门专业课，周课时数超过20节的高职教师，其实践教学能力平均得分均大幅低于其他高职教师。

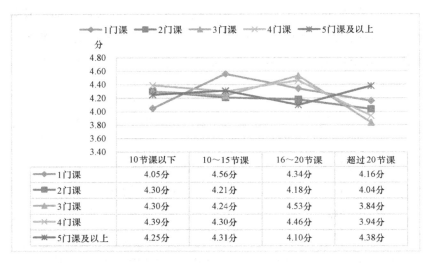

	10节课以下	10～15节课	16～20节课	超过20节课
1门课	4.05分	4.56分	4.34分	4.16分
2门课	4.30分	4.21分	4.18分	4.04分
3门课	4.30分	4.24分	4.53分	3.84分
4门课	4.39分	4.30分	4.46分	3.94分
5门课及以上	4.25分	4.31分	4.10分	4.38分

图5-3 年任教专业课数和周课时数对高职教师实践教学能力的交互作用效应

从图5-4看，在"专业发展能力"方面，对于一学年任教1门专业课，周课时数在10～15节的高职教师，其"专业发展能力"平均得分最高，超过4.5分；其次是周课时数在16～20节和超过20节的高职教师，其"专业发展能力"平均得分最低，只有3.86分；对于一学年任教2门专业课的高职教师，随着周课时数的增加，高职教师的"专业发展能力"呈现递减趋势，周课时数超过20节的高职教师，其"专业发展能力"平均得分最低；对于一学年任教3门专业课，周课时数在16～20节的高职教师，其"专业发展能力"平均得分超过4.5分，大幅高于其他高职教师；对于一学年任教4门专业课，周课时数在16～20节的高职教师，其"专业发展能力"平均得分大幅高于其他高职教师；对于一学年任教5门及以上专业课，周课时数超过20节的高职教师，其"专业发展能力"平均得分最高，为4.35分。总体来看，对于一学年任教1～4

门专业课，周课时数超过 20 节的高职教师，其"专业发展能力"平均得分均为最低。

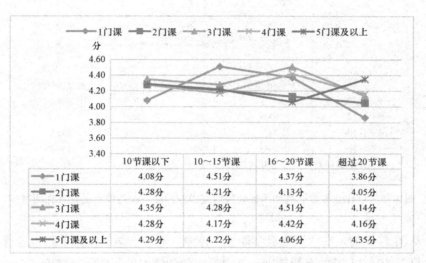

图 5-4　年任教专业课数和周课时数对高职教师专业发展能力的交互作用效应

从图 5-5 看，首先，在"社会服务能力"方面，对于一学年任教 1 门专业课，周课时数超过 20 节的高职教师，其"社会服务能力"平均得分高达 4.58 分，远远超过其他高职教师；其次，周课时数为 10～15 节的高职教师，其"社会服务能力"平均得分也在 4.2 分以上；对于一学年任教 2 门专业课，周课时数在 10～15 节的高职教师，其"社会服务能力"高于其他高职教师；对于一学年任教 3 门专业课，周课时数在 16～20 节的高职教师，其"社会服务能力"平均得分超过 4 分，大幅高于其他高职教师，而周课时数超过 20 节的高职教师，其"社会服务能力"平均得分不足 3.5 分，远低于其他高职教师；对于一学年任教 4 门专业课，周课时数在 16～20 节的高职教师，其"社会服务能力"平均得分最高；对于一学年任教 5 门及以上专业课，周课时数超过 20 节的高职教师，其"社会服务能力"平均得分超过 4 分，大幅高于其他高职教师。从总的情况来看，对于一学年任教专业课数在 3～4 门，周课时数超过 20 节的高职教师，其"社会服务能力"平均得分最低。

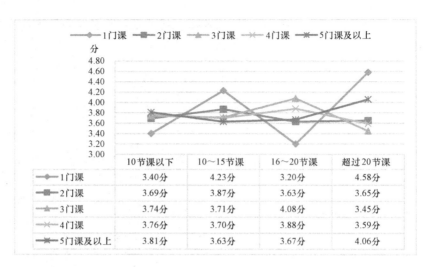

图 5-5　年任教专业课数和周课时数对高职教师社会服务能力的交互作用效应

从图 5-6 看，在"课堂教学能力"方面，对于一学年任教 1 门专业课，周课时数在 10～15 节的高职教师，其"课堂教学能力"平均得分接近 4.5 分，远高于其他高职教师；对于一学年任教 2 门专业课，周课时数在 10 节以下和 10～15 节的高职教师，其"课堂教学能力"平均得分超过 4.3 分，高于其他高职教师；对于一学年任教 3 门专业课，周课时数在 16～20 节的高职教师，其"课堂教学能力"平均得分超过 4.5 分，远高于其他高职教师；对于一学年任教 4 门专业课，一周课时数在 16～20 节的高职教师，其"课堂教学能力"平均得分最高；对于一学年任教 5 门及以上专业课，周课时数在 10 节以下的高职教师，其"课堂教学能力"平均得分超过 4.5 分，远高于其他高职教师。从整体情况来看，与高职教师胜任力的其他因子不同的是，周课时数超过 20 节的高职教师，其在"课堂教学能力"方面的劣势并不是特别明显。分析其原因，可能是近年来高职院校广泛开展教育与教学改革，把工学结合作为高等职业教育人才培养模式改革的重要切入点，带动专业调整与建设，引导课程设置、教学内容和教学方法改革，很多高职院校积极改革教学方法和手段，融"教、学、做"为一体，强化学生能力的培养，探索任务驱动、项目导向、顶岗实习等有利于增强学生能力的教学模式。因此，针对实习、实训课程以及任务驱动、项目导向的专业课程，很多高职教师在上课时，为保证学生操作设备的熟练性与连续性，往往连续半天乃至一天开展课程教学，尤其是工科院校的课程。因此，针对这样的专业课程，哪怕一周 20 课时以上，也可以保证教学质量，学生的评价较好。

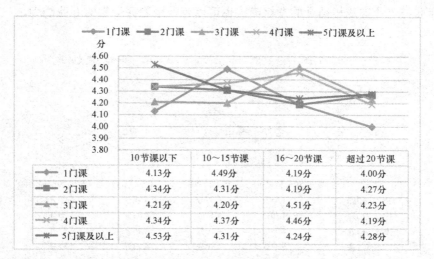

图 5-6 年任教专业课数和周课时数对高职教师课堂教学能力的交互作用效应

	10节课以下	10～15节课	16～20节课	超过20节课
1门课	4.13分	4.49分	4.19分	4.00分
2门课	4.34分	4.31分	4.19分	4.27分
3门课	4.21分	4.20分	4.51分	4.23分
4门课	4.34分	4.37分	4.46分	4.19分
5门课及以上	4.53分	4.31分	4.24分	4.28分

从图 5-7 看，在"评价学生能力"方面，对于一学年任教 1 门专业课，周课时数为 10～15 节的高职教师，其"评价学生能力"平均得分最高，为 4.39 分，大幅高于其他高职教师，而周课时数在 10 节以下的高职教师，其"评价学生能力"平均得分最低，只有 3.83 分；对于一学年任教 2 门专业课，周课时数为 10～15 节的高职教师，其"评价学生能力"平均得分最高，而周课时数超过 10 节的高职教师，其"评价学生能力"平均得分最低，只有 3.89 分；对于一学年任教 3 门专业课程，周课时数在 16～20 节的高职教师，其"评价学生能力"平均得分为 4.46 分，远高于其他高职教师；对于一学年任教 4 门专业课，周课时数在 16～20 节和超过 20 节的高职教师，其"评价学生能力"平均得分最高，而周课时数在 10 节以下的高职教师，其"评价学生能力"平均得分最低，仅为 3.92 分；对于一学年任教 5 门及以上专业课，周课时数超过 20 节的高职教师，其"评价学生能力"平均得分最高，为 4.26 分；而周课时数在 16～20 节的高职教师，其"评价学生能力"平均得分最低，只有 3.8 分。从整体情况来看，在"评价学生能力"方面，周课时数超过 20 节课的高职教师也未出现平均得分普遍偏低的情形。分析其原因，可能是伴随着高等职业教学改革，课程的考核模式也在进行改革，尤其是任务驱动、项目导向、顶岗实习等专业课程，其考核模式都非常重视学生校内学习与实际工作的一致性，很多高职教师都在探索校内成绩考核同行业标准与企业实践考核相

结合，针对这样的专业课程，周课时数 20 节以上不但可以保证教学质量，同行业标准与企业实践相结合的考核模式也可以有效地测评学生的专业能力。

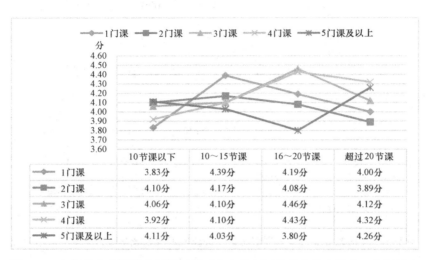

	10节课以下	10～15节课	16～20节课	超过20节课
1门课	3.83分	4.39分	4.19分	4.00分
2门课	4.10分	4.17分	4.08分	3.89分
3门课	4.06分	4.10分	4.46分	4.12分
4门课	3.92分	4.10分	4.43分	4.32分
5门课及以上	4.11分	4.03分	3.80分	4.26分

图 5-7　年任教专业课数和周课时数对高职教师评价学生能力的交互作用效应

综上所述，从高职教师的周课时以及年任教专业课数对高职教师胜任力的交互作用来考虑，每位高职教师一学年所教授的专业课数不应该超过 4 门，最好少于 3 门。教授 2 门以下专业课，周课时数不超过 15 节，而教授 3 门以上专业课，周课时数不超过 20 节，这样可以比较好地体现高职教师的胜任力水平，原因有两方面：一方面，高职教师的精力体力有限，过于劳累不但会影响教学水平的发挥，还会引起职业倦怠；另一方面，高职教师应该专注于自身研究的专业，不能讲授太多门专业课程，只有这样才能尽快提高其自身的学术水平与实践能力，提高其自身的胜任力水平，乃至成为本专业领域的专家。

第六章　研究结论与建议

第一节　研究结论

本书研究通过行为事件访谈法与心理测量学技术，将质性研究与量化研究相结合，在博士论文研究方面，从胜任力测评角度对高职教师胜任力进行实证研究，得出我国高职教师胜任力模型，开发胜任力测评工具，并对我国高职教师胜任力水平进行测评。

本书研究首先梳理我国不同历史时期对职业院校教师知识与能力的要求，其次分析比较美国、澳大利亚与欧盟等发达国家与地区的职业院校教师专业能力标准与异同，再次运用行为事件访谈法，通过预研究与正式研究，共计访谈22位教师（其中2位教师为预研究），建立高职教师胜任力初步模型。在此基础上，编制《高职教师胜任力调查问卷》，进行探索性因子分析，来验证高职教师胜任力初步模型的合理性与有效性，形成正式的高职教师胜任力模型，同时修订与调整问卷的测验项目，形成正式的《高职教师胜任力测评问卷》，并检验其测量学属性，最后运用《高职教师胜任力测评问卷》对我国当前高职教师胜任力水平进行测验与分析，具体结论如下。

（1）通过历史梳理发现，在我国职业教育的发展过程中，对职业教育教师的要求在不断变化和提升。职业教育教师能力要求经历了从"因技术技能为师"到"双师"的过程、从强调学科技能到注重专业能力的转变和过渡。职业院校教师的知识、能力与人格特征经历了从盲目到自觉、从零散到系统的变化。

（2）通过对美国、澳大利亚和欧盟的职业教育教师专业能力标准比较分析发现，它们的职业教育教师专业能力标准的开发都是从一线教师研究入手来获取研究信息的，所设计能力标准在教学计划实施与评价、教师与行业企业交流合作等方面都比较类似，但由于不同的国家与地区国际组织之间的情况不同，它们的教育理念与教育实践也有所不同。美国更注重学生的个性发展，重视学生从学校到工作场所转变的能力，欧盟注重教师项目管理与参与质量保障的能力，而澳大利亚更重视教师国际合作与交流的能力。

（3）建构的高职教师胜任力初步模型包括优秀绩效教师胜任力模型与普通绩效教师胜任力模型两部分，其中，优秀绩效教师胜任力模型包括成就导向、工学结合能力、沟通能力、课堂教学能力、灵活性、校企合作能力、考核评价能力、学生专业发展指导能力、责任心、专业知识、实践能力 11 项胜任特征，优秀绩效教师胜任特征具有一定的区分鉴别能力，能够将优秀绩效教师与普通绩效教师区分开；高职教师共有的胜任力包括教学设计能力、学习能力、语言表达能力、爱岗敬业、案例教学能力、激励能力、课堂管理能力、创新能力、项目教学能力、调查研究能力、资讯收集能力、信息技术应用能力 12 项胜任特征，教师共有胜任特征属于门槛胜任特征，用测验法对这一模型进行验证，证明结构较好，可以推广应用。

（4）开发的《高职教师胜任力测评问卷》包括 61 个题项，分属 5 个因子，检验结果表明，量表 Cronbacha 系数为 0.970，分半系数为 0.889，量表具有较高的效度，可以推广应用。

（5）开发的高职教师胜任力模型是一个由 2 个维度、5 个因子、17 项胜任力构成的多维结构，包括提升业务能力与开展教学能力 2 个维度；实践教学能力、专业发展能力、社会服务能力、课堂教学能力、评价学生能力 5 个因子；专业知识，责任心，爱岗敬业，案例教学能力，项目教学能力，语言表达能力，沟通能力，成就导向，学生专业发展指导能力，资讯收集能力；实践能力，工学结合能力，校企合作能力，课堂管理能力，教学能力，教学设计能力，考核评价能力 17 项胜任力，运行验证性因子分析对 5 个因子进行适配度验证，适配度指标达到较好的标准，所构建的胜任力模型结构较好，是可以接受的有效模型。

（6）通过《高职教师胜任力测评问卷》对全国高职教师进行抽样测验，结果表明，高职教师胜任力整体水平处于中等偏上水平，高职教师在不同因子上存在差异，课堂教学能力平均得分最高，其次是实践教学能力、专业发展能力、考核评价能力。平均得分最低的是社会服务能力，该维度平均得分只有 3.74 分，是高职教师胜任力水平中唯一一个低于 4 分的维度，证明目前高职教师的社会服务能力比较弱，急需加强。

第二节 研究建议

一、加强高职教师社会服务能力的培养，提升高职教师整体胜任力水平

党的十八届三中全会提出"深化校企合作、产教融合，培养高素质劳动者和技能型人才"，校企合作已经进入合作层面不断拓宽、合作深度不断加强的阶段。但从本书研究的统计结果发现，社会服务能力是高职教师胜任力中最薄弱的，当前高职教师胜任力得分为 4.17 分（满分为 5 分），处于中等以上水平，各胜任力因子中平均得分最低的因子是社会服务能力，该因子平均得分只有 3.74 分，而且是高职教师胜任力中唯一一个低于 4 分的因子，证明目前高职教师的社会服务能力比较弱，亟待加强。而社会服务能力与一线专业教师息息相关，一线专业教师是校企合作课程开发、教材编写与技术合作、咨询培训的具体实施者。如果一线专业教师不参与社会服务，仅仅满足于按部就班地上好课是远远不够的，会影响整个高等职业教育的人才培养质量，例如，在访谈中有高职教师提出："我上课的时光一直都属于比较失败的状态（叹气）。就是说每次上课，可能没有一个非常好的状态，因为没底呀！我没有在企业工作过，也没有机会深入企业，也没有人（有经验的教师）带我去，没有（社会服务工作的）积累，没有（社会服务工作的）经验，也没有（这方面的）阅历和感悟。我站在那个地方（讲台）给人家（高职学生）讲的时候，真的是心里发虚啊（搓手）。"因此，提高高职教师社会服务能力刻不容缓。要加强高职教师的社会服务能力，应采取以下措施。

（一）加大政府保证力度

杨燕指出，政府作为国家行政机关，可利用自身的人、财、物资源方面的优势，从总体、全局与长远利益出发，支持与保障高职院校的发展[141]。这方面是有成功案例的，美国社区学院就是通过联邦政府立法的方式，将社会服务这一职能贯穿于整体发展之中，美国联邦政府在 1917 年与 1963 年分别通过《史

密斯—休斯法案》与《职业教育法》，为美国社区学院的社会服务发展提供法律保障，促使美国的职业教育，尤其是社会服务功能在全球居于领先的地位[142]。我国政府也应当制定相关政策法律法规，协调地方政府、企业（行业）组织与高职院校之间的合作机制，加大对专业教师社会服务能力的培养力度，在教师编制、职称评审、课时安排、评优制度、经费保障等方面给予更大的支持，并将扶植政策落地，鼓励并推动专业教师深入企业、行业开展调研、咨询、培训等实践活动。

（二）对职业资格证书相关制度进行改革

合理有效的激励机制可以保护高职教师从事社会服务的积极性，这方面英国的经验值得借鉴，英国政府为发展职业教育，激励从事职业教育教师的积极性，出台了一系列制度与政策，来消除职业教育与高等教育之间地位不平等的现象，使学术资格与职业资格在社会上得到同等地位，并享有同等的权利与义务[143]。本书研究发现，高职教师获得的职业资格证书也非常重要，不同职业资格等级状况的高职教师在胜任力及其各因子上的平均得分均存在显著差异，从无职业资格证书到拥有初级、中级、高级证书的高职教师的 5 个胜任力因子也基本呈现递增趋势，高职教师拥有的职业资格证书对高职教师的胜任力水平影响显著，高职教师是否拥有以及拥有何种等级的职业资格证书是测评高职教师胜任力水平的一个有效指标。一方面，教育部门应该改革相应的政策，对已有职业资格证书的高职教师在聘任职称、聘任职务、评优和出国进修等方面给予优先激励政策。应当将企业实践工作与学历进修视为同等重要，将高职教师参加企业实践，取得专业技术发明、改造、运用等成果作为评聘高一级教师职称的重要依据；另一方面，教育部门应当与劳动部门协商，对职业资格证书取证课程的培训与考核体系进行改革，实现职业院校相关课程与职业资格证书的取证课程学分互认，这样可以使职业教育更加具有实践性，使行业发展可以引领职业教育的发展，职业教育的发展可以促进行业发展。部分优秀绩效教师可以与行业、企业专家一起参与职业资格证书课程的设计和教材与题库的开发，高职教师可以参与职业资格证书相关课程的教学与考核工作，高职教师自身也必须取得相关专业的高级职业资格证书，有效提高高职教师的胜任力水平以及双师素质；最后，职业院校的学生在完成学历教育之后，就可以同时取得相应的职业资格证书，可以有效地提高人才培养质量与职业资格证书的取证率，有力促进职业教育的发展。

（三）建立有效的社会服务发展平台

本书研究的统计分析结果证明，企业工作经历不同的高职教师在社会服务能力的平均得分上存在显著差异。高职教师的企业工作经历越多，胜任力整体水平以及实践教学能力、专业发展能力，社会服务能力3个胜任力因子越呈递增趋势，尤其是社会服务能力形成显著差异；兼职经历不同的高职教师在社会服务能力方面的平均得分上存在显著差异，证明高职教师的兼职经历与企业工作经历对提高其社会服务能力有着较大的作用，因此，政府应当鼓励成立由高职院校为主，企业与政府共同参与的社会服务平台。社会服务平台可以本着"信息共享，资源互补，共同发展"的原则实现多方共赢，高职院校可以利用这个社会服务平台为高职教师参与社会服务工作提供机会，尤其是提供挂职锻炼与企业兼职的机会，以提高高职教师的社会服务能力。具体形式可以是校企共建的企业商学院、技术服务机构与咨询机构等。社会服务平台应具备较高的技术含量，反映新技术发展的趋势，在实现培养学生实践能力的同时，为高职教师社会服务能力的提高提供保障。一方面，高职教师要与企业行业发展紧密结合，加强同企业与行业的合作，努力成为行业专家；另一方面，高职院校要深入开展工学结合、工学交替的人才培养模式改革，"订单培养""学徒制"的改革都是比较好的合作方式，要为高职教师深入企业、行业搭建平台，政府也要积极宣传高职院校的改革经验，推动学校发展以及提高专业教师的社会服务能力；最后，高职教师自身也要转变观念，积极利用学院的政策，尤其是年轻高职教师以及职称比较低的高职教师要不辞辛苦，在讲好课的同时，在企业实践中努力提高自身的专业水平，提高自身的社会服务能力。

二、以《中职教师胜任力模型》为参考，尽快制定与颁布《高等职业院校教师专业教学标准》

在本书研究访谈中发现，目前不论是国家级、省级高职示范校（骨干校），还是普通高职院校，其专业建设、精品课程建设与实训室建设都离不开每一位高职教师的参与。例如，有的高职教师在访谈中提道："我们高职院校（教师）的课时（量）普遍比本科多出很多。很多职业院校（教师）一个学期要完成160

课时，一年 320 课时（最低工作量）是基本的，还要负责带学生实习，还要参与专业建设、实训室建设，比如说我校当年为评国家骨干校，大家放弃晚上、周末、节假日的休息时间，投入骨干校建设，经过 3 年努力终于通过了，大家在累的同时也挺兴奋的。"高职教师教学质量的高低直接关系到国家高等职业教育改革的成功，关系到每一个高职院校人才培养质量的高低，而确立《高等职业院校教师专业教学标准》就是前提。专业教学标准是选拔、考核与培训高职教师的指南，引领高职教师自身发展的方向，是提高整个教师队伍素质水平的依据。阚雅玲、张强指出："高职教师专业教学标准的确立是关系到高等职业教育能否完成其历史、经济、社会使命的一个根本性与基础性的问题"[144]。2013 年，教育部颁布了《中等职业学校教师专业标准》，对推动中职教师的队伍建设有一定的指导意义。因此，应该尽快研究、制定与颁布《高等职业院校教师专业教学标准》，本书研究的高职教师胜任力模型以及相关成果可以为标准制定提供参考与依据。标准的制定应该符合高职教师的特点，根据本书研究成果，专业标准应当体现"强调以学生为本，突出实践能力，拥有优秀品质，拥有深厚广博的知识"的理念。

（一）强调以学生为本

每一位高职教师在教育与教学的过程中，都要以学生利益为根本，热爱学生、关心学生，要关注每一个学生的成长与发展，充分调动学生的积极性与主动性，在访谈中有教师多次提出指导学生专业发展能力的相关事例。

"我感觉作为任课教师要了解班里学生的情况，要是不了解的话是失职的。例如，我在 2012 年担任一个班的电子商务课程授课教师，这个班学生不太多，有三十多人吧，正好（每周）周三与周五下午都没课，我就跟班里学生一一约个时间聊（学生的职业发展），问他们的家庭情况啊，将来的打算啊，毕竟大二下半学期了，学生有些迷茫，不知道大三该找什么工作，跟他们分析一下自己适合什么，然后课堂上也结合他们这些（目标来讲解）……比如一个同学家里是卖文具的，是他家自己原创的品牌，我就让他结合这方面来做淘宝店，指导他怎么做，前两天他说生意不太好，我说可以往跨境电商方向发展，现在国外是一片蓝海，中国是一片红海，去国外应该也会卖得挺好的。我就沿着这个思路，辅导他做了真实的电子商务业务……我最感动的是这个班的学生对我的这个课的评价，学生说：'学习这门知识受益非常深，这门课可能改变我的一生。'我听了特别感动。"

强调以学生为本的教育理念在人本主义教育观中也重点提及：教师具备相应的职业能力虽然重要，但教育学生、培养学生成长更为重要，教师应以学生发展为中心，将教育学生对知识、技能掌握与培养学生身心健康发展结合在一起，重视对学生的管理，并以此为基础展开教育与教学活动，同时，这一点在其他国家与地区的职业教育教师专业标准中都有涉及。在美国，职业院校教师专业标准非常强调教师给予学生从学生向工人、成人角色过渡的指导，澳大利亚的职业教育教师专业标准也多次体现以学生为本的理念，其标准最终的目的就是促进学生专业发展，而在本书研究的高职教师胜任力模型中非常强调指导学生专业发展能力。因此，我国《高等职业院校教师专业教学标准》应该强调"以学生为本"的理念。

（二）突出实践能力

本书研究发现：社会服务能力与实践教学能力是高职教师与普通高等学校教师能力的重大差异之一，作为高职教师应当具备较强的社会服务能力与实践教学能力。有老师在访谈中也提道：

"我认为，实践教学能力是高职老师相对于本科老师最大的差别，也是高职老师最应该加强的一块。就是（高职）教师要有在企业里工作的经历，或者可以挂职锻炼，这样才能真正地和企业打成一片，真正地深入企业中去，了解这个企业内部（管理）怎么操作……你应该具备企业实践能力，了解企业里面到底在干什么。你有了（实践）经验以后呢，才可能积累下来一定的（企业）人脉和资源。同他（企业的人员）保持联系。而且你在（企业实践）工作几年过程当中，会形成关于企业工作的想法，你可能会时刻想去追踪这个企业到底是怎么发展的，（企业）管理技术怎样更新。这样的话，可能你再到（高职）学校的时候，才能够说自己有实践能力。"

高职院校培养在生产、建设、服务与管理第一线所需要的高技能型人才，而高技能型人才的一个突出特点就是有很强的实践能力，要素主义职业教育观中也重点强调教师要有较强的实践能力，应成为所教授领域的技能专家。黄宏伟的研究也指出，实践能力的缺乏也是高职教师发展的瓶颈之一[145]，因此，作为高职教师就应该拥有很强的实践能力，在《高等职业院校教师专业教学标准》中一定要体现加强高职教师的实践能力。

（三）拥有优秀品质

高职教师在高职教学工作环境中应当持续表现出来独特的个性品质，拥有优秀个性品质的高职教师对学生会产生潜移默化的影响，在教师高尚的人格影响下，学生为其崇高的品德所折服，为其卓越的才华所倾倒，为其广博的知识所陶醉，正所谓："亲其师，信其道。"在本书研究的访谈中，很多教师都详细提到了，作为一名优秀高职教师应当具有成就导向、灵活性、责任心、爱岗敬业、激励能力、创新能力等优秀的个性品质。

"我觉得每个老师，除了在课堂上讲好课，也应该引导学生（专业发展），是否能做到这一点就要看老师的责任心和能力了。帮助每个孩子（学生）对将来发展（路径）、对就业（岗位）有一个认识，给学生明确的路（职业发展路径），这样授课可能更加生动，比较贴合实际，（学生）接受起来挺好的。"

"你要有热爱才能敬业，如果说你把它（工作）当作求生的途径，就是为了工资（而工作），就会很难。你要有理想，要敬业，有了这个（理想），就解决了教师的动力问题。我认为现在年轻教师的选拔招聘是有问题的，他（年轻教师）并不知道（毕业）以后进入职业院校当老师的责任具体是什么，我们缺少对职业院校老师的培养。假如有这样的一个（从业）教育，在大学期间就会清楚地了解职业院校（教师的岗位）的基本情况，他（年轻教师）就有一个前进的方向，就会热爱（高职教师）这个职业。"

人本主义职业教育观就非常重视教师拥有优秀的品质，认为学生面临的学习困难，如贫穷、身体残疾，困难越多，对教师的要求就越多，教师应当更加具有爱心、耐心和虚心等优秀品质。因此在《高等职业院校教师专业教学标准》中应体现高职教师应具备的优秀品质。

（四）拥有深厚广博的知识

当今社会发展日新月异，科学技术也不断创新发展，高职教师所教授的内容与教学手段都在不断变化，高职教师需要及时学习，要具备广博的专业知识，在访谈中有老师谈道：

"深入企业去教学对任课教师要求是比较高的，你讲的每门课程一定要把整个内容融会贯通……企业的管理者比我们（教师）只照本宣科讲解理论给学生的印象更深。因此，教师自身就一定要对你自身学科体系的（知识）内容非常熟悉，在企业经理讲出案例之后，教师要能分析出关键点。比如企业经理讲完了，我就可以接着给学生分析，他讲的这个问题是我学过的哪些知识点，这样，再把知识点总结、梳理给学生，学生印象就比较深了，我感觉这样的教学效果比较好……他讲到哪里我就知道知识点在哪里，我在心里就不断地总结，学生的这种认真就是听故事了，之后我再告诉学生这是什么原理，学生就印象深了，就可以把理论与实践融会贯通了。"

由此可见，高职教师具备深厚广博的知识非常重要，在要素主义职业教育观中就非常重视教师所拥有的专业知识：职业教育教师不但要掌握职业教育的教学方法与技能，更要具备所教授学科或职业领域的知识与技能。在高职教师胜任力模型中，高职教学能力维度非常重要，而实现很好的教学，必须具备深厚广博的知识，较好的理论基础，在教学工作中，才能运用自如，因此，《高等职业院校教师专业教学标准》应该对高职教师具备深厚的专业知识做出要求。

三、基于高职教师胜任力模型制定高职教师专业发展规划，促进其自我发展

高职教师的工作具有实践性、复杂性与多变性的特点，尤其是当今技术变革对高职教育影响很大，不断扩大与改变高职教师的教学内容与教学环境，对高职教师胜任力水平提升至关重要，而自主发展就是高职教师胜任力水平提升的重要途径。在访谈中有的高职教师指出：

"我作为新教师，教书只有两年，首先还是要多向别人学习，尤其是系里的优秀老教师。他们还真是（教学）身经百战，觉得人家水平就是高，以前不知道什么是水平，但是一比较就知道自己的问题在哪儿了。这学期我上企业文化课，系里请一位优秀的老教师担任我的"师傅"，听了第一节课，师傅说：'你授课知识量很大，但是没有把课程内容有效地组织起来，没有把学生组织起来讨论。授课的重点不仅仅是你讲了多少，而是学生能学会多少，这就还有待提高。'我一听才恍然大悟，这确实是我的一个问题，我以前急着赶授课进度，一直觉得学生不配合我，我一直没感觉出来问题。这次，我终于明白了（微笑）。"

这说明高职教师胜任力发展是一个漫长系统的过程，由新手高职教师向专家型高职教师的转变也是"量"的积累向"质"的飞跃的结果，提高高职教师整体胜任力水平必须注重新手高职教师胜任力水平的提高，就是"量"的积累，

要关注高职教师的专业发展，尤其是年轻高职教师的专业发展。本书研究的成果之高职教师胜任力模型就全面、细致地反映了对高职教师知识、能力与个性品质的要求，为高职教师今后的专业发展提供清晰与可操作的路径图，尤其是根据鉴定性胜任特征的标准提出优秀高职教师的标准，可以为高职教师的专业发展提供学习的目标，高职教师应当结合本校发展、所教授专业发展以及自身胜任力的现状找出与优秀绩效教师之间的差距，量身定制自身专业发展的规划，积极寻求自身专业的发展。各高职院校在帮助教师制定专业发展规划，促进其自我发展过程中可采取以下措施。

（一）建立学习型组织，着力提升年轻高职教师的胜任力水平

从本书研究的统计结果发现，年轻高职教师教学与实践经验不足是制约高职教师胜任力整体水平的重要因素，处于不同年龄与教龄的高职教师，其胜任力水平差距较大，表现在教龄为 0～3 年的高职教师在胜任力整体水平上以及各个维度上明显低于其他教龄段的高职教师。教龄与各项胜任力水平基本呈现正相关，教龄越长，各项胜任力水平越高；此外，高职教师的职称对胜任力影响显著。不同职称的高职教师在胜任力整体水平及其中的实践教学能力、专业发展能力、社会服务能力和课堂教学能力因子上存在显著差异，表现为：高职教师的职称越高，胜任力水平越高，高级职称高职教师的胜任力得分明显高于中级职称与初级职称的高职教师。因此，各高职院校要发挥高教龄、高职称高职教师的引领作用，要积极在校内构建学习型组织，重视教研活动，建设公开自由的学术氛围，鼓励这类高职教师在教研活动中发挥主要作用，通过"老带新""师徒制"等形式，加强对年轻高职教师胜任力的培养，有针对性地组织年轻高职教师开展教育教学方法、社会服务、专业建设等方面的培训与教研活动，高职院校要为年轻高职教师提供发展平台，鼓励年轻高职教师深入行业与企业展开实践，学习行业的先进技术，在提高实践经验的同时，鼓励他们积极参与合作课程的开发与授课，编写相关教材，乃至可以参与企业培训与咨询项目，努力提高自身的胜任力水平，进而提高整个高职教师团队的胜任力水平。

（二）鼓励高职教师制定专业发展规划，专注于所研究的专业领域

目前，很多高职院校对高职教师每学年上课的课时数有最低工作量的要求，但对高职教师每学期所教授的专业课门数以及课时数没有最高要求，本书

研究证明，从高职教师的周课时以及一学年教授的专业课数对高职教师胜任力的交互作用来考虑，每位高职教师一学年所教授的专业课数不应该超过 4 门，最好少于 3 门，教授 2 门以下专业课的高职教师周课时数不超过 15 节，而一学年教授 3 门以上专业课的高职教师周课时不超过 20 节，这样可以比较好地体现出高职教师的胜任力水平。因此，各高职院校从提高高职教师的专业能力发展出发，应该尽快制定相关政策，规定高职教师一学年所教授的专业课数以及周课时数，设定最高限度要求。可以参考本书研究成果，鼓励专业教师制定专业发展规划，专注所研究的专业领域，促进其专业发展，以提高高职教师自身的胜任力水平。

四、以胜任力为抓手优化高职教师的专业培训课程

通过本书研究发现，高职教师胜任力是一个多维与复杂的结构，这就说明高职教师胜任力水平必须通过多方面培养与提高，因此，必须完善现有高职教师培训制度，科学设计培训内容，改革培训途径。

（一）完善培训制度

在访谈中很多高职教师都认为有效培训对提高自身胜任力至关重要，尤其对能够解决教学工作中的问题非常渴求。

"我能达到现在的教学水平，基本上是自学成才，最多在网上查查资料，翻翻专业期刊。我参加了教委组织的培训，内容更多的是宏观层次的，如教育政策、专业建设等，如果培训能够有针对性就更好了。"

从这位高职教师的陈述中可知，目前高职教师培训缺失问题很严重，尽管这很大程度上是由于高职教师教学工作量大、人员配置紧张这个客观原因造成的，但也与一些高职院校的管理者忽视对一些岗位高职教师的专业培训有关，有高职教师在访谈中指出：

"我们院校领导对于示范校的重点专业的教师更加关心，而且国家对重点专业建设有拨款，其他专业的教师培训机会就不多了，而且（任课教师的）课时也比较多，没有更多的时间精力去参加培训，因此院校领导者应当完善高职教师培训的相关制度，以保证每位高职教师都有参加培训的机会。"

因此，教育管理部门与高职院校应尽快完善高职教师培训制度，为高职教

师能够接受系统的培训创造条件，以提高高职教师胜任力的整体水平。

（二）科学设计培训内容

以胜任力为抓手优化高职教师专业培训的核心问题，就是科学与系统地设计培训内容，在访谈中，有的高职教师表达了对目前培训内容的不满：

"目前很多培训，既不系统，又没有针对性，想一出是一出，今天这里培训一下，明天那里培训一下，更多的内容是按照领导的意思，（培训之前）应该和你们这个课题一样，先做一个问卷调查，再访谈一些老师，看看（高职教师培训）到底缺什么，需要什么。"

从这位高职教师的访谈中，可以分析出针对高职教师培训的批评，主要是缺乏针对性与系统性两个方面，优秀的高职教师培训项目一方面必须符合高职教师的实际工作，另一方面又能为高职教师的专业发展提供系统的支持，而高职教师胜任力模型兼备指导性与操作性，我们应该改革现有高职教师培训课程，可以通过胜任力结构改革与开发高职教师的培训课程，尤其是应当审核当前我国高职教师相关培训课程，找出课程中可能存在与胜任力结构不符或遗漏的内容进行完善与修订，高职教师胜任力模型可以明确高职教师培训活动的目标，成为设计与组织高职教师培训活动的依据，可以以优秀高职教师的鉴别性胜任特征作为标准来安排专业培训课程，其量表可以作为培训测评的依据，对有的放矢地开展高职教师培训活动具有重要的意义。

（三）有效的培训途径

以胜任力为抓手开展高职教师培训活动急需解决的另一个问题是优化实施培训的途径。在访谈中，有的高职教师也表达了对培训途径优化的要求：

"我暑假参加过一个培训，职业机构叫×××网络营销学院，是首家做网络营销培训的，它们的课程体系就是好，特别新，和学生的就业岗位是零距离的，（学生）工作的时候就直接可上手了，……培训形式是课程导向式，就是课程目标设计、课程准备、考核的方式等都有，上完课了，我们就可以带学生操作真实的项目（自信地微笑）。我（培训）回来以后马上消化，然后结合我们学生的特点就变成了我们授课的内容，讲了之后，学生们就感觉是真实环境的教学，他们觉得受益也挺大的，我最困惑的就是（皱眉）：为什么我在教委、学校接受的培训就不能是这种形式，我们学的就是很多理论的东西，讲实践教学的东西比较空。听报告、讲座很多，没有互动课堂。再有，政府举办的所谓（高职教师）培训偏向于宏观理论，没有这种（企业组织的）培训接地气，所以我觉得以后（高职教师）培训必须要改变，不论是（培训）形式还是（培训）内容。"

世界银行对发展中国家教师培训进行的调查中发现，有效培训与低效率的培训策略在培训内容、培训结果等方面都有很大的差异，如表6-1所示。

表6-1 发展中国家有效与低效教师培训策略的对比分析[146]

1. 大部分培训在学校进行，培训教师与受训教师可以进行有效的互动教学	9. 培训主要通过面授的形式在大学、师范院校或教育管理部门进行
2. 教师职业生涯一直接受不同类型的培训	10. 培训仅是受训教师的一次性职前活动
3. 受训教师注重在培训中的培训效果	11. 注重在培训中获得文凭与证书
4. 受训教师组成学习小组，一起接受培训	12. 受训教师独自培训，不互相交流
5. 教师培训的改革是课程改革与其他类型改革的重要组成部分	13. 教师培训改革与其他体制改革分离
6. 通过监察体系对好的教学实践予以支持	14. 受训教师教学很少接受监督，更谈不上改进
7. 通过受训教师的学习需求制订培训计划	15. 教师的培训计划更多的是培训管理部门的主观臆断
8. 受训教师能够通过自主研究与学习增强培训效果	16. 受训教师不会通过自主学习来提高自身的培训效果

比较有效的教师培训活动具有培训内容的可持续，重视实践教学，关注教师发展，强调教师合作等特点，由此可见，有效的高职教师培训不是一两次讲座与报告就能解决的。高职教师培训是高职教师将已有经验与知识同新的知识与能力相衔接的有效途径。

五、改革高职教师科研能力的培养与考核标准，全面提高高职教师的科研能力

高职教师的科研能力非常重要，2014年教育部在《国务院关于加快发展现代职业教育的决定》中提出："加强职业教育科研教研队伍建设，提高科研能力和教学研究水平。"[147]但从本书研究可以看出，高职教师的科研能力非常薄弱，

由于高职教师教学任务繁重、对科研重视不够等原因，高职教师中普遍存在"重教学、轻科研"现象，在高职教师科研工作中也存在"重学术论文发表，轻技术应用开发"的现象，造成高职教师没有动力去从事行业与企业的技术应用，进行先进工艺、管理流程、管理制度等创新工作。这已经严重制约了高职教师的能力，乃至影响到高等职业教育的人才培养质量，在访谈中有的高职教师指出：

"在科研工作之前，首先来说（高职教师的）课时问题，一个人的精力是有限的，你让他做一件事情他肯定对分配在另一件事情上的时间就少。教师也一样，这方面本科（大学）教师就有条件（去做科研），教师把课教完了，虽然科研任务相当重，但教师的教学（工作量）就比较轻，（教师）就可以出去讲学，去企业讲课，甚至去政府申请科研项目，这样又可以给（所在）学校带来很大知名度，这多好（美慕的表情），我们职业院校（教师的）课时（量）普遍比本科院校（教师的）多出很多了。很多职业院校（教师）一个学期160课时，一年320课时（的最低工作量）是基本的。还要负责带学生实习，还要参与专业建设，实训室建设……我们（高职教师）还哪有时间做科研？学校可以不可以搞个学术轮岗，上两年课，让高职老师有个半年时间去企业兼职实践，我们才有时间有精力搞点（科研）成果出来。"

为了提高高职教师的科研水平，有必要对高职院校的科研制度、科研内容、考核标准进行改革。

（一）对科研制度进行改革

有必要对现有的提升高职教师科研能力的制度与测评体系进行改革，有高职教师在访谈中提出：

"现在我觉得这方面（科研方面）应该有这样一套机制。老师应该有一个固定的时间去企业兼职，帮助企业解决实际问题，成果可以转化为科研成果，这样就缺乏一个有效平台，这个平台是（由）学校与企业之间建立一个这样的平台，（高职）教师能够到企业来上班，时间可以是每年两到三个月，企业要对这个（兼职工作）有需求。可以提供这样的一些短期的（工作）岗位给（高职）学校的教师，这样大家建立这样的一个平台，企业提出需求，学校有这样（能力）的老师，就派老师过去。这样形成良性循环……我觉得教育部门需要搭建多个学校与企业共建的平台，因为企业不好找一个两至三个月短期的岗位，但是一般是有的，有些企业有这样的一些岗位可以让（高职）老师去做。"

因此，教育管理部门应该在出台的《高等职业院校教师专业教学标准》中强化教师科研能力的技术创新能力。与此同时，也应该尽快出台高职教师职称评审的标准与体系，以及高职教师科研工作考核的标准。结合高职教师的工作岗位，正确引导高职教师的科研工作。

（二）对科研内容进行改革

有一些高职教师在访谈中对现有的科研内容改革提出建议：

"职业教育跟普高（普通高等教育）的区别在什么地方呢？普高（普通高等学校）教师必须研究才能教学，实际上（培养路径）是这样，（教师）先去上学，然后有导师带到一个学科的前沿，然后需要做科研，可以发文章写专著，围绕专著再去开课，课程研究的主要内容也正好就是教学研究的前沿，所以就叫研究什么教什么，没有研究就没办法教学。职业教育就是必须（教师）自己会做，你在一个专业领域里，你做过什么也要去研究什么，做完以后你在这里面有感受了，有创新了，有研究成果了，你再把这个（成果）总结出来，再去教，这是一个核心的区别。"

因此，在高职教师的研究内容上可以借鉴欧盟的职业教育教师专业能力标准，更加强调高职教师对科研项目立项与管理的能力，包括寻找研究经费的来源、经费预算与科研项目管理等能力，鼓励高职教师积极申办与行业、企业的横向课题，鼓励高职教师依据自身的工作条件，积极深入企业兼职，从事行业与企业的技术应用、先进工艺、管理流程和管理制度等创新工作，发挥自身的专业优势，深入企业实践，成为行业领域的专家，为行业、企业的发展提供技术支持。

（三）对考核标准进行改革

在访谈中，有一些高职教师对现有的科研考核标准提出异议：

"我们高职教师科研的考核标准还是写论文、写教材、写专著等，我们副教授、教授职称是报到省里与本科（院校）副教授、教授一起评的，连评的标准都一样，这就不合理了。实际上我们的科研建立在一个对企业实际问题从发现到思考到解决的过程上，应该是实证研究，我们是工科院校，很多老师有专利，但也不被认可，没有办法。"

所以，我们要尽快改变高职教师"重学术论文发表，轻技术应用开发"的现象。要素主义职业教育观指出，职业教育的教师应成为所教授领域的技能专家。正如普罗瑟指出："某一职业领域，培训最可靠的内容来源是该职业领域技能掌握者的经验，职业院校教师的职业经验直接影响到学生的学业成绩，某一职业领域的技能专家应成为该领域职业教育的教师。"[89]226 因此，要对高职教师的科研工作进行量化考核，使高职教师的科研工作占总工作量一定比例，依据科研项目水平高低，经费多少等量化指标折合其科研的工作量，对其进行奖励。对上至国家、省区市等各级教学名师、优秀绩效教师，下至各高职院校的专业带头人的评选上，都应按照该教师在其专业研究领域的技能专家标准进行考评，其科研工作不仅以教材、专著与学术论文为主要考核指标，更要考核他们对本专业技术的应用研究与创新能力。激励他们发挥自身的专业优势，依据自身的工作条件，积极从事行业与企业的技术应用、先进工艺、管理流程和管理制度等创新工作，力争通过教学名师、优秀教师、专业带头人等优秀绩效高职教师带领其他教师，以点带面，培养年轻骨干教师，从而带动专业技术应用研究，促进职业教育与产业结构调整和科技进步有机协调发展。同时，这也是下一步改革与制定对高职教师开展科研工作的激励机制与高职教师职称评审标准的重要参考依据。

附录 A 高职教师个案访谈协议

由于我们的课题是研究高职专业教师胜任力项目，感谢您作为高职院校的专业教师接受我的访谈，对您的访谈内容是课题研究项目重要的一部分，我们只将其应用于本课题研究，不另作其他用途。您所回答的问题将全部录音并制作成书面记录。本访谈的主要目的是获取您在高职院校从事教育教学工作的一些资料，所涉及内容包括：

1. 您的姓名、性别、教龄、年龄、学历、职称、所获得的奖励等一些个人信息；

2. 请讲述在您日常教学与教育过程中，发生的三件成功与三件失败的事情；

3. 您陈述每一件事情，您当时所处情境是什么？参与人物都有谁？当时的感想是什么？最后的结果怎么样？对您今后工作造成什么影响？

4. 您在访谈过程中所涉及您不愿意提及的人名或地名等信息，可以用符号代替。

我们课题组的成员承诺将严守协议的要求，如果您认可本协议条款规定，请您签名，谢谢。

受访者：　　　　　　　　主持者：
　年　月　日　　　　　　　年　月　日

附录 B 高职教师个案访谈纲要

一、与受访教师简单交谈，使其尽量放松，简单介绍研究项目。

二、请受访教师签署访谈协议之后，开始访谈并录音。

三、请受访教师自我介绍个人基本信息，包括姓名、性别、教龄、职称、所获得的奖励、所在学校、所教授科目等。

四、请受访教师先回想一下，在教育与教学工作中发生的重要事例，包括：（1）三件成功的事例，请受访教师回忆当时判断准确，效果较好，可以克服困难以及对自身工作所取得的结果较为满意，并留下较好印象的事例；（2）三件失败或遗憾的事例，请受访教师回忆当时判断有误、效果较差，未能有效克服困难以及对当时工作成果不太满意或感到遗憾的事例。

五、请受访教师对每一件事例进行详细描述。包括这一事件基本过程是什么？自己在事件中所作所为？在其中的作用是什么？当时的情景是什么？困难是如何克服的？有何想法？事件结果怎么样？对事件的感想是什么？

六、请受访教师对自己的工作进行评价。您个人有什么特点？对做好高职学生的教育与教学工作起到什么样的促进作用？

七、对访谈中有疑问的地方，也可以请受访教师解答疑惑或者补充说明。

八、对受访教师致谢，访谈结束。

附录 C　高职教师胜任特征编码词典

高职教师胜任特征编码词典示例（一）

胜任力名称		成就导向
定义		不满足于现状，对成功具有强烈的渴求，总是设定较高目标，要求自己克服障碍，完成具有挑战性的任务
核心问题		能够不断成长，积极前行吗？
为什么它重要		这是个人取得高绩效的动力之源
等级	等级定义	可能的行为描述
A.-1	得过且过	对自己的未来既没有明确目标，又没有任何要求，所做的工作以最低要求为标准，得过且过
A.0	安于现状	不愿改变目前工作和生活状态，觉得不用为了事业上的进步再去努力，不愿意冒险，严于待人，宽于律己
A.1	追求物质和荣誉	希望通过自己的努力获得更丰厚的物质奖励以及荣誉，不关注工作本身有何发展和自身成长
A.2	工作至上	有比较强烈的自我实现意识，愿意接受挑战，有一定的使命感，对自己有较高的标准，对于出色完成任务取得工作成果有较强烈的渴望
A.3	有强烈的使命感	热爱并且执着于本职工作，对工作有强烈的使命感，喜欢追求挑战，不断冲击高峰
A.4	工作狂	始终把在教学科研和社会服务上的成就作为自己的奋斗目标，渴望成功，喜欢迎接挑战，不断追求卓越，在工作上执著追求，近似工作狂，不满意现状，总是希望不断进步
A.5	关注团队成就	不但关注自己的成就，对团队的成就也十分关注，不但严格要求自己，也严格要求自己的团队成员，将整个团队的目标作为自己奋斗的愿景，并采用各种方法帮助团队成员共同完成目标
A.6	完美主义	追求事业的巅峰，执着追求事业，近乎偏执，对自己以及员工要求极高，追求完美

相关特征：

自我愿景，内激励，行动性，挑战性，高标准

高职教师胜任特征编码词典示例（二）

胜任力名称		学习能力
定义		不断地坚持学习新知识、新技能与新观念，通过学习获取新信息的能力
核心问题		能够通过学习掌握新知识、新技能吗？
为什么它重要		学习获取新知识是传授知识的前提，也是教师自我提升的关键
等级	等级定义	可能的行为描述
A.−1	厌恶学习	厌恶学习新知识、新方法和新技能，故步自封，懒于学习，甚至厌恶学习
A.0	从来不学习	对学习既没有欲望，也没有计划，几乎从来不在学习上花费时间和精力
A.1	想学习但不够自信	有比较强烈的学习欲望，但是由于一些主观因素或者客观因素的影响，总是担心自己无法学习和掌握新的知识、技能和能力，表现得不够自信
A.2	学习目标明确	学习目标较明确，计划较周详，并按照计划时间学习，经常关注相关学科动态
A.3	有浓厚的学习兴趣	对所学内容十分感兴趣，有浓厚的学习欲望，时刻关注该学科或者相关领域有何新发展、新动态
A.4	有理解能力	对于新的技能知识，通过选择适当的方式方法进行学习，能够很好地抓住要义，并且充分理解
A.5	有思辨能力	不但能理解，还有自己的思考在里面，并非"全盘接受"，而是有一个思辨过程
A.6	有创新能力	在充分理解和思辨的基础上，能够举一反三，将所学知识、技能进行再加工，传递给学生更具价值的新思想、新理论、新方法和新发明的能力

相关特征：

思维，思辨，想象能力，创新能力，理解能力

附录 D　高职教师胜任力调查问卷

第一部分：基本信息

1. 性别：1□男 2□女

2. 所教专业：

3. 年龄：

4. 教龄：

5. 您所在的院校是：1□国家级示范校、骨干校 2□省级示范校、骨干校
　　　　　　　　　3□其他院校

6. 职称：1□助教 2□讲师 3□副教授 4□教授 5□其他

7. 学历：1□中专或高中 2□大专 3□本科 4□硕士研究生 5□博士研究生

8. 您是否获得：国家或省（市）级骨干教师/教学名师/优秀教师/模范教师等称号？
　　　　　　1□是 2□否

9. 您获得的荣誉具体是：

10. 是否取得所教授专业相关的职业资格证书？
　　　　　　1□是 2□否

11. 如果取得所教授专业相关的职业资格证书，取得了哪个层次的职业资格证书？
　　　　　　1□初级 2□中级 3□高级

12. 入职前是否有政府机关、企事业单位工作经历？
　　　　　　1□是 2□否

13. 您是否在政府机关、企事业单位有兼职？
　　　　　　1□是 2□否

14. 您一学年教授几门专业课程？
　　　　　　1□1 门 2□2 门 3□3 门
　　　　　　4□4 门 5□5 门 6□5 门以上

15. 您授课的班级平均一个班有多少个学生？

      1□20 人以下 2□21 人至 30 人 3□31 人至 40 人

      4□41 人至 50 人 5□51 人至 60 人 6□60 人以上

16. 您平均每周多少课时？

      1□10 课时以下 2□10 至 15 课时 3□16 至 20 课时

      4□21 至 25 课时 5□26 至 30 课时 6□30 课时以上

第二部分：教师胜任力调查

题号	请您参照该列描述，对自己工作中的实际表现与它的符合程度做出评价，按照自己的真实情况在相应的数字上面画"√"。各数字代表的意思为：1 表示"完全不符合"；2 表示"基本不符合"；3 表示"有时符合"；4 表示"基本符合"；5 表示"完全符合"	完全不符合	基本不符合	有时符合	基本符合	完全符合
1	能够掌握课堂秩序，并能够顺利解决课堂上发生的一些突发问题	1	2	3	4	5
2	在我的课上，课堂秩序良好	1	2	3	4	5
3	能够根据学生学习情况进行分组，让学生进行有效的小组合作学习	1	2	3	4	5
4	学生参与课堂的积极性非常高，师生互动很好	1	2	3	4	5
5	对专业知识的表达和阐释非常明晰	1	2	3	4	5
6	能够根据高等职业教育特点，运用恰当的教学手段和方法进行教学	1	2	3	4	5
7	能够引导学生自主学习，使学生产生学习兴趣	1	2	3	4	5
8	学生上完我所教授的课程之后收获很大	1	2	3	4	5
9	当课堂上出现突发事件时，总是不知所措	1	2	3	4	5
10	教学安排有序，能够兼顾课程要求和学生特点	1	2	3	4	5
11	教学内容的安排切合高等职业教育的特性	1	2	3	4	5
12	能够熟练运用多媒体技术进行教学	1	2	3	4	5
13	能够依据学生与所授课程的特点，正确选择及使用教学器材设备和工具	1	2	3	4	5
14	能够将企业实践应用到日常教学工作中	1	2	3	4	5
15	所教授专业课程符合企业实际工作流程	1	2	3	4	5
16	能够将传统教学场所引向企业，指导学生在企业中实习	1	2	3	4	5

续表

题号	请您参照该列描述，对自己工作中的实际表现与它的符合程度做出评价，按照自己的真实情况在相应的数字上面画"√"。 各数字代表的意思为：1 表示"完全不符合"；2 表示"基本不符合"；3 表示"有时符合"；4 表示"基本符合"；5 表示"完全符合"	完全不符合	基本不符合	有时符合	基本符合	完全符合
17	能够帮助企业解决实际问题，有能力申报企业横向课题	1	2	3	4	5
18	在我的课堂上，对调皮捣蛋的学生不进行管理	1	2	3	4	5
19	可以从事企业培训工作，帮助企业培养人才	1	2	3	4	5
20	能够帮助企业制定绩效考核、质量控制等标准	1	2	3	4	5
21	能够主动给学生介绍学习、工作的经验和提升的机会	1	2	3	4	5
22	能够运用多种手段激励学生努力奋进，帮助学生克服困难	1	2	3	4	5
23	能够主动帮助学生解决学习上的问题，帮助学生成长	1	2	3	4	5
24	对学生的问题能给予明确与正面的回应，帮助学生解决问题	1	2	3	4	5
25	有丰富的生产实践经验来指导教学实践	1	2	3	4	5
26	熟悉企业（事业、政府机关）相关岗位工作流程	1	2	3	4	5
27	有直接参与企业（事业、政府机关）相关岗位的工作经验	1	2	3	4	5
28	为了获取教学信息，我不主动与企业（事业、政府机关）沟通获取信息	1	2	3	4	5
29	能够通过不断学习，使自身实践能力不断提升	1	2	3	4	5
30	能够有效指导学生实习	1	2	3	4	5
31	拥有丰富的企业实践经验	1	2	3	4	5
32	能够熟练掌握本专业的知识，在授课过程中熟练运用	1	2	3	4	5
33	能够紧跟本专业的发展，通过不断学习及时更新自己的专业知识	1	2	3	4	5
34	经常关注与专业相关的新闻、学术期刊以及学术会议	1	2	3	4	5
35	积极收集新知识与技能的资料，并应用于教学	1	2	3	4	5
36	感觉自己的知识比较陈旧，跟企业实际脱节	1	2	3	4	5

续表

题号	请您参照该列描述，对自己工作中的实际表现与它的符合程度做出评价，按照自己的真实情况在相应的数字上面画"√"。 各数字代表的意思为：1 表示"完全不符合"；2 表示"基本不符合"；3 表示"有时符合"；4 表示"基本符合"；5 表示"完全符合"	完全不符合	基本不符合	有时符合	基本符合	完全符合
37	认真高效地为学生批改作业并及时反馈给学生	1	2	3	4	5
38	能够牺牲自己的闲暇时间，专注于教学设计、学生辅导、编写教材等工作	1	2	3	4	5
39	高度关注学生学习状态和学习结果，并给学生以个性化的辅导	1	2	3	4	5
40	对本职工作有强烈的主动性、坚持性和责任心	1	2	3	4	5
41	积极投入教学工作当中并以此为乐	1	2	3	4	5
42	爱生如子，善于给予学生学业上的指导	1	2	3	4	5
43	在平时工作中兢兢业业，加班加点，任劳任怨，乐于奉献和钻研	1	2	3	4	5
44	高度关注自身发展，通过学习不断完善自己	1	2	3	4	5
45	给予学生感情上的关怀，使其体验到自身价值	1	2	3	4	5
46	教学方法非常单一	1	2	3	4	5
47	具有很强的搜寻案例的能力，将合适的案例应用于教学当中	1	2	3	4	5
48	可以根据所教授的理论知识，直接或者间接开发案例	1	2	3	4	5
49	能够指导学生通过对案例的讨论与分析，运用所学知识解决实际问题	1	2	3	4	5
50	熟知岗位流程和任务目标，能选取有典型意义的工作任务作为教学项目	1	2	3	4	5
51	巧妙设计教学项目的学习情境，促进学生对教学项目有浓厚的兴趣	1	2	3	4	5
52	可以和其他课程任课老师联合起来进行项目教学	1	2	3	4	5
53	对项目教学活动中的突发事件应对自如	1	2	3	4	5
54	不喜欢学习成绩良好的学生	1	2	3	4	5

续表

题号	请您参照该列描述，对自己工作中的实际表现与它的符合程度做出评价，按照自己的真实情况在相应的数字上面画"√"。 各数字代表的意思为：1 表示"完全不符合"；2 表示"基本不符合"；3 表示"有时符合"；4 表示"基本符合"；5 表示"完全符合"	完全不符合	基本不符合	有时符合	基本符合	完全符合
55	打破传统考核形式，依据学生就业岗位特点进行考核，考核方式多样	1	2	3	4	5
56	考核方式能引导学生重视学习过程体验	1	2	3	4	5
57	考核内容不但关注基础知识，更注重对学生实操技能进行考核	1	2	3	4	5
58	对学生成绩进行认真分析、汇总与归档，并及时反馈给学生	1	2	3	4	5
59	能够准确地抓住考核要点，合理分配分数	1	2	3	4	5
60	根据岗位（行业）标准设计考核方案，考核方案与企业（行业）接轨	1	2	3	4	5
61	考核能够关注到学生的思想品质方面	1	2	3	4	5
62	能够与学生进行良好的沟通，规范学生日常行为	1	2	3	4	5
63	学生不愿意跟我交谈	1	2	3	4	5
64	善于为学生发挥其优势和潜能创造条件	1	2	3	4	5
65	对高职学生的特性非常了解，善于解决学生纪律问题	1	2	3	4	5
66	能够积极、高效、主动地学习新知识、新技能，并应用于教学与科研实践	1	2	3	4	5
67	能够主动寻找学习和交流培训的机会	1	2	3	4	5
68	善于学习新知识、新技能和新方法，并能及时应用到教学当中	1	2	3	4	5
69	有自己独特的学习方法，坚持不懈地按照计划开展学习	1	2	3	4	5
70	自学能力和获取知识的欲望强	1	2	3	4	5
71	熟练掌握常用调查研究方法，善于分析在教学与科研中遇到的各种问题	1	2	3	4	5
72	善于探究教学过程中遇到问题的来龙去脉	1	2	3	4	5

续表

题号	请您参照该列描述，对自己工作中的实际表现与它的符合程度做出评价，按照自己的真实情况在相应的数字上面画"√"。 各数字代表的意思为：1 表示"完全不符合"；2 表示"基本不符合"；3 表示"有时符合"；4 表示"基本符合"；5 表示"完全符合"	完全不符合	基本不符合	有时符合	基本符合	完全符合
73	对报纸、期刊等出版物中出现的新知识不敏感	1	2	3	4	5
74	能够根据调研结果对问题进行分析，并提出有效的解决方案	1	2	3	4	5
75	在教学过程中极具创新思维，想象力丰富	1	2	3	4	5
76	善于开发教学新方法，勇于进行教学改革	1	2	3	4	5
77	经常将新的教学模式引入课堂	1	2	3	4	5
78	经常采取新颖的方法管理学生	1	2	3	4	5
79	语言组织有层次、有重点、有变化	1	2	3	4	5
80	语言具有很强吸引力，能吸引学生积极参与课堂教学	1	2	3	4	5
81	口头语言和肢体语言富有表现力	1	2	3	4	5
82	在教学中很排斥信息技术的应用	1	2	3	4	5
83	熟悉学生的心理特征	1	2	3	4	5
84	能够成为学生很好的倾听者，给予学生所关心事情的回应	1	2	3	4	5
85	与学生沟通时语言简洁，使学生迅速准确掌握所谈信息	1	2	3	4	5
86	积极主动地与学生进行沟通，帮助学生解决学习、生活中的实际问题	1	2	3	4	5
87	能够想方设法改善工作绩效	1	2	3	4	5
88	敢于为自己和组织设定挑战性的目标	1	2	3	4	5
89	对人对事有比较严格的要求，愿意把事情做得更完美	1	2	3	4	5
90	有符合社会和教育事业发展的理想抱负，愿意为之持续奋斗	1	2	3	4	5
91	能够积极参与企业培训，帮助企业培养人才	1	2	3	4	5

续表

题号	请您参照该列描述，对自己工作中的实际表现与它的符合程度做出评价，按照自己的真实情况在相应的数字上面画"√"。 各数字代表的意思为：1 表示"完全不符合"；2 表示"基本不符合"；3 表示"有时符合"；4 表示"基本符合"；5 表示"完全符合"	完全不符合	基本不符合	有时符合	基本符合	完全符合
92	能够为企业提供专业化的咨询服务，参与企业研发或者管理创新项目	1	2	3	4	5
93	善于跟企业合作进行课程开发和教学设计	1	2	3	4	5
94	能够对学生提出个性化的学习指导	1	2	3	4	5
95	有为学生的职业生涯提供规划的能力	1	2	3	4	5
96	能够根据学生未来的就业方向对其提供专业指导	1	2	3	4	5
97	能够为学生创造条件去感受未来就业的工作环境要求	1	2	3	4	5
98	能够主动收集与专业相关的知识与技术资料	1	2	3	4	5
99	能够通过现场调查挖掘事实真相，深入研究问题的核心	1	2	3	4	5
100	能够通过访谈、观察等技术获取他人观点、收集到客观的信息	1	2	3	4	5
101	通过信息技术的应用创新教学模式	1	2	3	4	5
102	善于将新出现的信息技术应用到教学中	1	2	3	4	5
103	在项目教学中善于利用信息化手段	1	2	3	4	5
104	当教学进程跟预期不一致时，能够根据实际情况及时调整	1	2	3	4	5
105	针对学生对教学的反映，可以随机调整教学内容或教学手段	1	2	3	4	5

附录 E　高职教师胜任特征核检表

请您浏览下面列举的各项胜任特征，然后在您认为教师教学工作中最重要的胜任特征前面的方框内画"√"。"√"的数量范围为 10～15 个。

□实践能力	□沟通能力	□责任心	□专业知识
□学习能力	□工学结合能力	□调查研究能力	□职业生涯规划能力
□成就导向	□灵活性	□重视次序、品质与精确	□课堂教学能力
□反思能力	□正直	□诚信	□培养下属
□项目教学能力	□专业建设能力	□教学设计能力	□考核评价能力
□语言表达能力	□爱岗敬业	□分析式思考	□观察能力
□科研能力	□学生专业发展指导能力	□案例教学能力	□冒险性
□创新能力	□校企合作能力	□培养他人能力	□主动性
□概念性思考	□学生管理能力	□大赛指导能力	□社会服务能力
□教材编写能力	□信息技术应用能力	□课堂管理能力	□专业技术应用能力
□关系建立	□团队合作能力	□自信心	□资讯收集能力
□对比分析能力	□团队领导能力	□提升业务能力	□问题解决能力
□自我调节能力	□冲击与影响	□组织协调能力	□包容
□协调能力	□引领激励能力	□书面表达能力	□公平

附录 F　团体焦点访谈提纲

一、与访谈专家简单交谈，使其尽量放松，开始访谈并录音。

二、详细介绍研究项目以及行为事件访谈法的研究结果。

三、请访谈专家仔细阅读《高职教师胜任特征编码词典》与《高职教师胜任特征核检表》的调查结果。

四、请选出 15 项高职教师胜任特征，并按 1～15 排序，将专家认为重要的胜任特征排在前面，如果还有遗漏，请专家补充。

五、讨论《团体焦点访谈专家评分》统计结果，并请专家说明评分理由，补充、完善优秀绩效教师胜任特征与普通绩效教师胜任特征。

六、讨论高职教师胜任力的初步模型结构是什么？请专家发言，并说明理由。

七、根据专家讨论结果，形成高职教师胜任力的初步模型，请大家补充意见。

八、访谈结束，致谢。

附录 G 访谈录音文本片段示例

文本编号：BJ010102　录音时间：1:21:24

行号	文本正文	编码

　　我们学院是从 2002 年由成人高校转型为高职院校的，刚开始对职业教育的认识也是模糊的，后来，在 2005 年搞过人才质量评估，在这样的引导下，思路慢慢清晰以后，我们开始不断强调工学结合，强调实践教学。比如我讲过的战略管理，最早还是用案例来做一些教学辅助，帮助学生，引导学生，启发学生，有它的好处，但是对高职学生来说对于案例背景可能一时半会儿消化不了那么多，可能对问题的分析不那么深。后来不断地和企业接触，有时候跟企业的老总，有时候跟相关职业的部门负责人沟通联系，看能不能与企业实际工作结合，把学生带到企业实践教学，拿出企业的实际问题，让学生做分析。例如，我请南郊农场厂长讲企业各个阶段的发展情况，南郊农场是我们职教集团的成员单位，现在成立了紫谷伊甸园观光农业项目，位于永定河河滩上，之前做的都是果树、山茶之类的农业产品。厂长就像讲故事似地把企业发展各个阶段的过程讲了一下，引起同学们的广泛兴趣。厂长拿出目前规划后，同学们就给他出主意，后面的课程，我就引导同学们在这个基础上进行讨论：你觉得企业应该怎样进一步完善？企业下一步该怎么做？我就不断地启发他们，他们的思考非常活跃，发言特别踊跃，效果很好。我个人认为通过这件事反映出：职业教育只要认真跟实践结合，实际上并不难，但这里对老师的要求就比较高了，不是只会照本宣科，一定要将教学内容体系融会贯通，然后恰当地做出点评，要分析到位，引导学生很重要，剩下的是让学生先查资料、先看书、先预习，最后将所学到的内容融会贯通，独立分析，他分析得对不对，最后再由老师点出来，我觉得这样教学对学生的帮助还是很大的。

（CTA-A1　RB-A3　CTA-A4）

　　当时，我就觉得职业教育没有什么特别难的，你只要真正领会了职业教育的实质和真谛，很多资源都能拿来用，老师做好引导就行了，去企业可以拿到鲜活的素材与教学资源，然后让学生去深入地思考，只要这个教学资源学生感兴趣，愿意去琢磨它，自然就会引出很多东西来，所以那次我看学生做得非常好，而且做的效果也非常好，突然我就明白了。

（INI-A2）

　　深入企业去教学对任课教师要求是比较高的，你讲的每门课一定要把整个内容融会贯通，企业的经理在讲这些东西的时候不会按你的教学体系去讲，他可能就给你讲一个经历，稍微条件好点儿的、学历高一点儿的、能力强一点儿的经理给你提炼，有的经理可能就是直接讲个案例。但是这个案例不仅对学生，而且对于我们老师都是很好的 PK-A3 实践案例，这就需要我们老师通过这个案例可以提炼出来理论知识，以便于学生记住、掌握与理解。企业的管理者比我们只照本宣科讲解理论给学生的印象深。因此，教师自身就一定要对自身学科体系的内容非常熟悉，在企业经理讲出案例之后，可以分析出关键点。比如，企业经理讲完了，我就可以接着给学生分析，他讲的这个问题是我们学过的哪些知识点，这样，再把知识点总结、梳理给学生，学生印象就比较深了，我感觉这样的教学效果比较好。首先就是学生感兴趣，我第一次尝试的时候印象很深，当时学生的专注程度，以及最后给企业管理者的热烈掌声，都是发自内心的。我在听企业经理讲的时候我觉得挺平淡的，人家就是讲述企业的一个发展过程，当然他平淡背后是有市场分析，对各种因素的把握的，他讲到哪里我就知道知识点在哪里，我在心里就不断地总结，学生的这种认真就是听故事了，之后我再告诉学生这是什么原理，学生就印象深了，就可以把理论与实践融会贯通了。

访谈人员：		时间：	年	月	日
录音整理人员：		时间：	年	月	日
核查人员：		时间：	年	月	日
编码人员：		时间：	年	月	日

编码说明：

RB-A3 关系建立四级水平，与企业建立长期、融洽的关系。

CTA-A4 案例教学能力四级水平，教师具有丰富的实践经验，较为全面地掌握理论知识，对案例反映的知识点能够准确把握。

CTA-A1 案例教学能力初级水平，教师缺乏实践经验，照本宣科地讲案例，学生没有兴趣。

PK-A3 专业知识三级水平，较为熟练地掌握专业基本知识，不断探索与研究新的专业知识。

INI-A2 主动性二级水平，能够付出额外努力去完成教学改革、学生辅导与科研等工作。

参考文献

[1] 马树超，王伯庆. 2015 中国高等职业教育质量年度报告[R]. 北京：高等教育出版社，2016：37.

[2] 王泽荣，赵清梅，吴全全. 中等职业学校教师队伍素质现状简析[J]. 中国职业技术教育，2008（20）：34.

[3] 潘懋元，陈厚丰. 高等教育分类的方法论问题[J]. 高等教育研究，2006（3）：12.

[4] 联合国教科文组织. 国际教育标准分类法 2011[S/OL]. [2019–12–23]. http://wenku.foodmate.net/2019/12/43741.html.

[5] 陈解放. 教学相长：高等职业教育教师基础知识读本[M]. 北京：高等教育出版社，2004：7.

[6] 夏征农，陈至立. 辞海：第 1 卷[M]. 上海：上海辞书出版社，1999：1315.

[7] 林崇德，杨治良，黄希庭. 心理学大辞典[M]. 上海：上海教育出版社，2003：868.

[8] MCCLELLAND D C. Testing for competence rather than for "intelligence"[J]. American psychologist，1973，28（1）：1－14.

[9] Hay Group，Inc. Manager Competency Portfolio[Z/OL]. [2014－11－03]. http://www.hayresourcesdirect.haygroup.com/Competency/Assessments_Surveys/Competency_Portfolios/Overview.asp.

[10] BOYATZIS R E. The competent manager：a model for effective performance[M]. New York：Wiley，1982：23.

[11] RAJADHYAKSHA U. Managerial competence：do technical capabilities matter? [J]. The journal for decision makers，2005，30（2）：47－56.

[12] SPENCER L M，SPENCER S M. Competence at work：models for superior performance[M]. New York：John Wiley & Sons Inc，1993：199－220.

[13] MCLAGAN P A. Competencies：the next generation[J]. Training & development，

1997，51（5）：40－47.

[14] MIRABILE R J. Everything you wanted to know about competency modeling [J]. Training & development，1997，51（8）：73－77.

[15] PARRY S B. Just what is a competency? [J]. Training，1998，35（6）：58－64.

[16] 王重鸣. 管理心理学[M]. 北京：人民教育出版社，2000：156－165.

[17] 彭剑锋，荆小娟. 员工素质模型设计[M]. 北京：中国人民大学出版社，2003：83－86.

[18] WOODRUFFE C. Competent by any other name[J]. Personnel management，1991，23：30－33.

[19] COCKERILL T，HUNT J，SCHRODER H. Managerial competencies：factor fiction?[J]. Business Strategy Review，1995，6（3）：1－12.

[20] 仲理峰，时勘. 胜任特征研究的新进展[J]. 南开管理评论，2003，6（2）：48.

[21] LEDFORD G E. Paying for the skill，knowledge，and competencies of knowledge workers[J]. Compensation and benefits review，1995，27（4）：55－62.

[22] BYHAM W C, MOYER R P. Using competencies to build a successful organization [M]. Development Dimensions International Inc，1996：11.

[23] 国际人力资源管理研究院编委会. 从胜任到超越：人力资源经理胜任素质模型[M]. 北京：机械工业出版社，2005：35.

[24] 陈万思. 纵向式职业生涯发展与发展性胜任力：基于企业人力资源管理人员的实证研究[J]. 南开管理评论，2005，（6）：19－25，49.

[25] 赵曙明. 人力资源管理研究新进展[M]. 南京：南京大学出版社，2002：101.

[26] SANDBERG J. Understanding human competence at work：an interpretative approach[J]. Academy of management journal，2002，43（1）：2－9.

[27] 王芳，谭顶良. 中学教师教学效能感的实证研究及其对教师培训的启示[J]. 当代教育科学，2006（17）：36－38.

[28] HAYES. The competency dom model[J]. Journal of public personnel management，1979（22）：43－62.

[29] 史班瑟，史宾赛. 才能评鉴法：建立卓越的绩效模式[M]. 魏梅金，译. 汕头：汕头大学出版社，2003：247.

[30] 王鹏，时勘. 培训需求评价的研究概况[J]. 心理学动态. 1998（4）：36－51.

[31] 时勘，王继承，李超平. 企业高层管理者胜任特征模型评价的研究[J]. 心

理学报，2002（3）：306－311.

[32] 王重鸣，陈民科. 管理胜任力特征分析：结构方程模型检验[J]. 心理科学，2002，（5）：513－516.

[33] 仲理峰，时勘. 家族企业高层管理者胜任特征模型[J]. 心理学报，2004（1）：110－115.

[34] 姚翔，王垒，陈建红. 中国注册会计师胜任力模型构建研究[D]. 北京：财政部财政科学研究所，2012：101.

[35] 代郑重，许树强，李文涛，等. 护士胜任力研究进展[J]. 中国公共卫生，2013（6）：919－921.

[36] 杨序国. 考量：让老板看到人力资源管理的价值[M]. 长沙：湖南科学技术出版社，2005：93－104.

[37] 彭剑锋. 人力资源管理概论[M]. 上海：复旦南学出版社，2003：104－131.

[38] 时勘. 基于胜任特征模型的人力资源开发[J]. 心理科学进展，2006（4）：586－595.

[39] DUBOIS D. Competency－based performance improvement：a strategy for organizational change[M]. Amherst Mass：HRD Press，1993：71－83.

[40] 孟庆伟. 人力资源管理通用工具[M]. 北京：清华大学出版社，2007：117－136.

[41] 罗小兰. 教师胜任力研究的缘起、现状及发展趋势[J]. 教育理论与实践，2007，（23）：42－44.

[42] BISSCHOFF T，GROBLER B. The management of teacher competence [J]. Journal of in－service education，1998，24（2）：191－211.

[43] MCBER H. A model of teacher effectiveness[J]. Department for education and employment，2000，15：01－06.

[44] CATANO V M，HARVEY S. Student perception of teaching effectiveness：development and validation of the evaluation of teaching competencies scale[J]. Assessment & Evaluation in Higher Education，2011，36（6）：701－717.

[45] STERNBEG R J，WILLIAMS W M. 教育心理学[M]. 张厚粲，译. 北京：中国轻工业出版社，2003：2－28.

[46] DINEKE J. The development and validation of a framework for teaching Competencies in Higher Education[J]. Higher Education，2004，48（2）：

253 - 268.

[47] KABILAN M K. Online professional development：a literature analysis of teacher competency [J]. Journal of Computing in Teacher Education，2005，21（2）：51 - 57.

[48] 邢强，孟卫青. 未来教师胜任力测评：原理和技术[J]. 开放教育研究，2003（4）：39 - 42.

[49] 王昱，戴良铁，熊科. 高校教师胜任特征的结构维度[J]. 高教探索，2006（4）：84 - 86.

[50] 林立杰. 高校教师胜任力研究与应用[M]. 北京：中国物资出版社，2010：44 - 51.

[51] 牛端，张敏强. 高校教师胜任特征模型的构建与验证[J]. 心理科学，2012（5）：1241.

[52] 黄艳. 中国"80 后"大学教师胜任力评价研究[M]. 北京：中国社会科学出版社，2013：42 - 44.

[53] 严尧. 高校教师胜任力模型的构建与初探[J]. 价值工程，2013（5）：278.

[54] 郝永林. 研究型大学教师教学胜任力建模：基于 41 份文本分析的理论构建[J]. 高教探索，2015（8）：76 - 81.

[55] 香港师训与师资咨询委员会. 学习的专业，专业的学习：教师专业能力理念框架及教师持续专业发展[EB/OL]. (2014 - 11 - 03) [2022 - 02 - 22]. http：//www.emb.gov.hk/ednewhp/ teacher/cp - dp/chinese/home.htm.

[56] 徐建平. 教师胜任力模型与测评研究[D]. 北京：北京师范大学心理学院，2004：41.

[57] 许安国. 行业特色研究型大学教师胜任素质模型构建及实证研究[D]. 北京：北京交通大学经济管理学院，2013：52.

[58] 徐继红. 高校教师教学能力结构模型研究[D]. 长春：东北师范大学教育学部，2013：62.

[59] SHULMAN L S. Knowledge of teaching：foundations of the new reform[J]. Educational researcher. 1986，15（2）：4 - 14.

[60] YOUNG M，GUILE D. New possibilities for the professionalization of UK VET Professionals[J]. Journal of European industrial training，1997（21）：203 - 212.

[61] MNDEBELE B S C. Developing a competence - based teacher education

programme in Swaziland [J]. Education and Training，1997（6）：237－241.

[62] ATTWELL G. New roles for vocational education and training teachers and trainers in Europe：a new framework for their education[J]. Industrial and commercial training，1999（31）：190－200.

[63] SARTORI R Competence－based analysis of needs in VET teachers and trainers：an Italian experience [J]. European journal of training and development，2010（10）：213－214.

[64] LEEKITCHWATANA P，PIMDEE P，MOTO S. Factor Analysis of Competency of Computer Teacher at Vocational Certificate Level[J]. Creative education，2013（5）：348－356.

[65] BECK K，TROITSCHANSKAIA O Z（Eds.），From Diagnostics to Learning Success[J]. Vocational education and training，2014（1）：225－240.

[66] WUTTK E，SEIFRIED J. An analysis of error identification in accounting lessons[M]. Diagnostic competence of（Prospective）teachers in vocational education，2012：225－240.

[67] 吴贵明. 高职高专教师胜任力的培养[J]. 福建商业高等专科学校学报，2006（2）：101－103.

[68] 焦伟红. 高职院校教师胜任力初探[J]. 河南职业技术师范学院学报（职业教育版），2006（6）：44－46.

[69] 王斌，陈斌. 职业院校教师胜任力模型构建研究[J]. 消费导刊，2009（23）：189.

[70] 涂云海. 高职院校专业课教师胜任力与绩效的关系[J]. 黑龙江高教研究，2010（9）：50－53.

[71] 李岚，刘轩. 高职院校教师绩效评价体系设计分析：基于胜任力模型和 AHP 法[J]. 技术与市场，2010（11）：167－169.

[72] 张颖，蒋永忠，黄锐. 高职院校"双师型"教师胜任力模型的构建[J]. 安徽农业大学学报（社会科学版），2010（2）：61－64.

[73] 陈斌，刘轩. 高等职业院校教师胜任力模型的构建[J]. 高教发展与评估，2011（6）：106－110.

[74] 方向阳. 高职院校专业教师胜任力模型研究[J]. 职业技术教育，2011（25）：73－77.

[75] 秦蔚蔚. 高职院校任课教师胜任力评价体系研究[D]. 南京：南京农业大

学经济管理学院，2012：71.

[76] 董丽华. 高职院校专业课教师胜任力研究：以宁夏高职院校为例[J]. 湖北广播电视大学学报，2014（1）：23−24.

[77] 李梦玲. 基于学生视域的高职教师胜任力现状调研与提升路径[J]. 职教论坛，2014（2）：9−11.

[78] 宋微，周永清. 基于模糊综合评价的高职教师胜任力评价研究[J]. 赤峰学院学报（自然科学版），2014（3）：273−275.

[79] 涂云海. 高职院校专业课教师胜任力与绩效的关系研究[J]. 职业技术教育，2010（16）：50−54.

[80] 李继延，张祥兰，青玮，等. 高职院校教师教学胜任特征模型及师资建设策略研究[J]. 北京劳动保障职业学院学报，2010（3）：31−36.

[81] 陈丽金，周斌. 高职院校专业课教师胜任力现状及影响因素分析：高职院校专业课教师胜任力研究之一[J]. 今日南国（理论创新版），2010（3）：24−25.

[82] 陈丽娜. 基于胜任力视角的高职院校专业教师绩效管理浅析[J]. 广东石油化工学院学报，2015（5）：52−55.

[83] 赵宇. 高职教师自我效能感和职业倦怠的特点及相关研究[D]. 重庆：西南大学经济管理学院，2009：112.

[84] 李俊强，李彦，周后红."职业性、应用型"高校教师胜任力整合探讨[J]. 高教论坛，2014（5）：65−69.

[85] 罗小兰，林崇德. 基于工作情境下的教师胜任力影响因素[J]. 中国教育学刊，2010（2）：80−83.

[86] 百度文库. 教育哲学[EB/OL]. (2014−02−27) [2022−02−22]. http：//baike.baidu.com/view/ 291401.htm.

[87] 陆有铨. 现代西方教育哲学[M]. 郑州：河南教育出版社，1993：107.

[88] LERWICK L P. Alternative concepts of vocational education [M]. Minneapolis：University of Minnesota，1979：37.

[89] PROSSER C，QUIGLEY T. Vocational education in a democracy [M]. Chicago：American Technical Society，1949：463.

[90] KERKA S. Constructivism，work place Learning and vocational education [EB/OL]. (2014−05−09) [2022−02−22]. http ：//www.eriedigests.org/ 1998−1/learing.html.

[91] GREGSON J A. Critical pedagogy for vocation education：the role of teacher education [J]. Journal of industrial teacher education，1993，30（4）：7－8.

[92] STEIN D. Situated learning in adult education [EB/OL]. (2014－10－22) [2022－02－22]. http：//www.ericfacility.net/databases/ERIC_Digests/ed418 250.html.

[93] ELIAS，J，MERRIAN S. Philosophical foundations of adult education [M]. Malabar，FL：Krieger Publishing Company，2005：117－123.

[94] NEWCOMB L H. The Humanistic Teacher [M]. Cross AA. Vocational Instruction. Arlington，VA：American Vocational Association，1979：20.

[95] 联合国教科文组织国际教育发展委员会. 教育：财富蕴藏其中[M]. 联合国教科文组织总部中文科，译. 北京：教育科学出版社，1996：139.

[96] 小乔治. 管理思想史[M]. 孙耀君，译. 北京：商务印书馆，1985：115.

[97] MECLELLAND，D C，Identifying Competencies with Behavioral－Event Interviews [J]. Psychological Science，1998（9）：331－339.

[98] 斯密. 国富论[M]. 唐日松，译. 北京：华夏出版社，2004：8－9.

[99] 马克思. 马克思恩格斯全集[M]. 2 版. 北京：人民出版社，2001：417.

[100] 中国百科大辞典编委会. 中国百科大辞典[M]. 北京：华夏出版社，1990：113－114.

[101] 郑晓明，吴志明. 工作分析实务手册[M]. 北京：机械工业出版社，2002：21.

[102] 周亚新，裴尚猛. 工作分析的理论、方法及应用[M]. 上海：上海财经大学出版社，2007：124.

[103] 中华人民共和国教育部. 中华人民共和国职业教育法[EB/OL]. (2005－05－25) [2022－02－26]. http：//www.gov.cn/banshi/2005－05/25/content_928.htm.

[104] 顾明远. 教育大辞典（增订合编本）[M]. 上海：上海教育出版社，1998：2032.

[105] 刘春生. 职业教育学[M]. 北京：教育科学出版社，2002：32.

[106] 李梦卿，熊健民，罗莉，等. 双师型教师队伍建设比较研究[M]. 武汉：华中科技大学出版社，2010：9.

[107] 胡森. 教育大百科全书（教育心理学卷）[M]. 西南师范大学出版社，2011：26.

[108] WEBER J M，PULEO N，FISCH M，et al. The dynamics of Secondary Vocational Education Classrooms [R]. Columbus：The National Center for Research in Vocational Education. The Ohio State University，1988：15.

[109] 袁学琦. 我国古代职业教育史话[J]. 职业技能培训教学，1995（3）：44－45.

[110] 徐东，张继华，郭道端. 我国古代职业教育的发展[J]. 职教论坛，2006（11）：60－64.

[111] 吴玉琦. 中国职业教育史[M]. 长春：吉林教育出版社，1991（7）：4.

[112] 李书源. 筹办夷务始末：同治朝[M]. 北京：中华书局，第25卷：2008：10.

[113] 罗军强，方林佑. 高等职业教育历史研究[M]. 北京：光明日报出版社，2011（9）：15.

[114] 孙家鼐. 管理官书局大臣孙家鼐议复开办京师大学堂折//北京大学校史研究室. 北京大学史料. 第1卷[M]. 北京：北京大学出版社，1993：24.

[115] 沈岩. 船政学堂[M]. 北京：科学出版社，2007：56.

[116] 杜成宪，丁钢. 20世纪中国教育的现代化研究[M]. 上海：上海教育出版社，2004：246.

[117] 欧元怀. 中国职业教育的出路[J]. 教育与职业，1935（2）：84.

[118] 中国人民政治协商会议. 中国人民政治协商会议共同纲领[J]. 新华月报，1949（1）：1.

[119] 中华人民共和国教育部. 中等职业学校教师专业标准（试行）[EB/OL]. (2014－07－16) [2022－02－22]. http：//www.moe.edu.cn/publicfiles/business/htmlfiles/moe/s6991/201309/157939.html.

[120] NBPTS. Career and technical education standards [EB/OL]. (2014－11－04) [2022－02－22]. http：//www.nbpts.org/sites/default/files/uploads/CTEBios%20calUPDATED0 321.pdf.

[121] LYNCH R L，KIRPAL S R. Teacher education and professional development [M]. Work and Education in America: the art of integration. Springer，2012：225.

[122] FRANK S. Possibilities and Challenges：The National Board for Professional Teaching Standards [J]. Journal of teacher education，2002，53（4）：316－327.

[123] VOLMARI K，HELAKORPI S，FRIMODT R（Eds）. Competence framework for VET professions：handbook for practitioners [EB/OL]. (2009－10－02) [2022－02－07]. http：//www.cedefop.europa.eu/etv/Upload/Information_resources/Bookshop/ 560/111332_Competence_framework_for_VET_professions.pdf.

[124] 付雪凌，石伟平. 美、澳、欧盟职业教育教师专业能力标准比较研究[J]. 比较教育研究，2010（12）：81－85.

[125] Industrial Skill Council.TAE10 training and education（3.2）[EB/OL]. (2014－

11-04) [2022-02-22]. http：//training.gov.au/Training/Details/tae10.

[126] 尹翠萍，周谊，李洁. 欧盟职业教育与培训质量保障参考框架述评[J]. 中国职业技术教育，2012（30）：62-66.

[127] 罗双平. 从岗位胜任到绩效卓越：能力模型建立操作实务[M]. 北京：机械工业出版社，2006：210-248.

[128] 杨善竑. 教研员胜任力模型结构的研究[D]. 北京：北京师范大学认知神经科学与学习研究所，2008：32.

[129] 罗小兰. 中学教师胜任力模型及其相关因素研究[D]. 北京：北京师范大学心理学院，2008：45.

[130] 杨志明，张雷. 测评的概化理论及其应用[M]. 北京：教育科学出版社，2003：118-119.

[131] SERAFINI F. Possibilities and challenges: the national board for professional teaching standards [J]. Journal of teacher education, 2002, 53（4）：319.

[132] 沈慧. 关注教师人格特质，提高工作满意度[J]. 大众心理学，2009（11）：11-12.

[133] 吴明隆. 问卷统计分析实务：SPSS 操作与应用[M]. 重庆：重庆大学出版社，2010：178.

[134] 吴明隆. 结构方程模型：AMOS 的操作与应用[M]. 重庆：重庆大学出版，2010：95.

[135] 高山艳. 职业院校教师专业能力结构研究[D]. 北京：北京师范大学教育学部，2014：154.

[136] 姜姗姗. 幼儿园教师胜任力及其影响因素研究[D]. 北京：北京师范大学教育学部，2013：115.

[137] 李玉华. 基于工作分析的小学教师胜任力建模研究[D]. 北京：北京师范大学心理学院，2008：42-43.

[138] 连榕. 教师教学专长发展的心理历程[J]. 心理学报，2004（1）：23-27.

[139] ARROW K J，RANDER R. Allocation of resources in large teams [J]. Econometrica（pre-1986），1979，47（2）：361.

[140] ARMSTRONG M，BARON A. Performance management [M]. London：The Cromwell Press, 1998：296-299.

[141] 杨燕. 破解校企合作难题提升高职院校社会服务功能路径探析[J]. 湖北函授大学学报，2011，（7）：10.

[142] 白晓宁，刘慧玲. 美国社区学院社会服务对我国高职教育的启示[J]. 无锡

职业技术学院学报，2010，（8）：46.

[143] 张耀嵩. 高职教育质量评价与保障体系的完善[J]. 职业技术教育，2012，（7）：58.

[144] 阚雅玲，张强. 高职院校教师专业能力标准的研究[J]. 广东技术师范学院学报，2008（2）：29-32.

[145] 黄宏伟. 高职院校专业教师实践教学能力培养的问题与对策[J]. 教育与职业，2010（14）：51-52.

[146] 世界银行. 全球知识经济中的终身学习：发展中国家的挑战[M]. 北京：高等教育出版社，2005：37.

[147] 中华人民共和国国务院.关于加快发展现代职业教育的决定[EB/OL]. (2014-10-10) [2022-02-22]. http ://www.moe.edu.cn/publicfiles/ business/htmlfiles/moe/ moe_1778/201406/170691.html.